3평 카페, 월 매출 6,000만 원의 비밀

장사의 진수

3평 카페, 월 매출 6,000만 원의 비밀

장사의 진수

장진수 지음

두드림미디어

배보다 배꼽이 더 커졌다.

본래 나는 웹디자인 에이전시를 운영하는 공동대표였다. 에이전시는 대행 업체로서 실력을 스스로 증명해야 한다는 숙명이 있다. 중이 제 머리를 못 깎고 무당이 제 운명을 모르듯 에이전시가 자신들의 사업을 똑바로 못하면 힘을 잃는다.

그래서 우리만의 브랜드를 만들어보려고 했다. 커피를 좋아했고, 자주 사서 마셨고, 마침 회사 3층 사무실에 탕비실이 비어 있었다.

무식하면 용감하다고 빠르게 시작했다. 3층 사무실, 3평도 안 되는 탕비실에서 카페를 준비했다. 잘 모르니 물어봤고, 헤맸다. 완전히 내 영역이 아닌 것은 과감히 다른 사람에게 맡기고, 함께할 직원을 뽑았다. 우리만의 카페가 완성되었다. 그렇게 탄생한 브랜드가 '카페홈즈'다.

오픈 3개월 만에 지역 내 맛집 랭킹 1위, 주문 많은 순 1위, 리뷰 많은 순 1위. 트리플 왕관을 썼다. '왕관을 쓰려는 자 무게를 견디라'라는 말을 이해할 수 있었다. 새벽까지 자체 배달도 하고, 에이전시 일을 하다가도 크로플을 구웠다. 설날과 추석, 공휴일, 주말도 없는 시간이 계속되었다.

육체적으로 힘들어도 좋은 일과 인연이 생겨나기 시작했다. 브랜드는 소문이 나고, 가맹문의 건수는 1,000건이 넘어섰다. 출연 섭외, 출판 제안, 컨설팅제안, 브랜드 협업 제안도 많이 들어왔다. 웹디자인 에이전시보다 카페홈즈라는 브랜드가 더 유명해졌다.

이렇게 배보다 배꼽이 더 커졌다.

훌쩍 4년의 세월이 지났다. 카페홈즈는 15개가 넘는 가맹점이 생겼고, 나는이제 브랜드 CEO의 권한을 내려놓고 조금 더 자유롭게 일을 하고 있다.

그렇기에 이 책은 나와 카페홈즈라는 브랜드의 성장 스토리고, 노하우다.가게를 처음부터 오픈해서 정상의 궤도에 올려놓기까지 실무를 다룬 이야기고, 전략집이다. 내 모든 노하우와 지식을 사심 없이 공유하는 비법서다. 치트키처럼 펼쳐서 어려움이 필요한 순간 펴보길 바란다.

당신의 매장이 이 책의 이야기를 따라온다면 배를 집어삼킬 만큼 배꼽이커져 있는 브랜드가 될 수 있다. 당신을 응원한다.

장진수

Part 3. 유지

월 매출 1,000만 원이 넘어가면 알아야 할 10가지

Part 4. 확장

월 매출 6,000만 원의 진짜 비법

Part 5. 돈

10만 원 아끼려다가 100만 원 잃는다

Part 6. 당부

잔소리이거나, 충고이거나, 조언이거나

Part 7. 노하우

기존 프랜차이즈와는 다른 카페홈즈만의 노하우 6가지

Part 1

마인드

월 1,000만 원을
더 버는 마음가짐

마인드(Mind) : 어떤 사물에 대한 관점이나 사고방식 또는 새롭고 발전적인 발상

카페 창업이
레드오션이라는 편견

카페 창업은 레드오션일까? 맞다. 카페 창업은 레드오션이다. 온 국민이 좋아하는 삼겹살이 진짜 대박 아이템이다. 아니다. 삼겹살보다는 언제든 먹을 수 있는 국밥이 최고다. 아니다. 마진율이 높은 갈비탕과 냉면이 좋다.

카페든, 삼겹살이든, 국밥이든, 당신이 하려는 장사가 무엇이든 레드오션도 블루오션도 사실은 없다. 오직 그 아이템, 그 업종을 능히 해낼 수 있는 사람만 있을 뿐이다. 아이템에 대한 환상에서 벗어나야 진짜 장사를 시작할 수 있다. 장사가 처음인 당신을 위해, 또는 장사를 하더라도 아이템과 마케팅의 환상에서 벗어나지 못하는 당신을 위해 들려주고픈 이야기가 있다.

출처 : 픽사베이　　　　　　　출처 : 저자 작성

'땅콩'에 관한 이야기다. 당신에게 잠깐 미션을 주겠다. 땅콩을 팔아봐라. 땅콩을 팔아서 최대한 많은 돈을 벌어봐라. 수단과 방법은 자유이니 마음껏, 역량껏 땅콩을 팔아봐라. 당신은 어떻게 할 것인가? 예측되는 답변을 몇 가지 준비해봤다.

첫째, 땅콩을 온라인으로 판다

사진을 촬영하고, 상세 페이지를 만들고, 시중에 나온 단위 용량과는 다르게 설정해 온라인으로 상품을 판매한다. 네이버 스마트스토어, 쿠팡 등 온라인 쇼핑 플랫폼에서 직접 땅콩을 판매하는 것이다. 어쩌면 당신이 파는 땅콩이 월 100만 원, 1,000만 원씩 팔릴 수도 있다.

둘째, 오프라인으로 판다

대용량으로 구매해서 오프라인 매장으로 납품한다. 땅콩을 팔려는 사람에게 땅콩을 파는 전략을 취하는 것이다. 각종 도매업체 사장님들을 만나 땅콩을 도매로 대용량으로 판매한다. 땅콩이 필요한 곳에 땅콩을 판매하는 전략으로 사업자들을 대상으로 한 거래를 통해 땅콩을 최대한 많이 판다.

셋째, 땅콩을 이용한 요리를 만들어서 판다

땅콩만으로는 받을 수 있는 가격이 한정적이니 땅콩을 이용한 반찬이나 요리를 만들어 판매한다. 또는 두 번째 방식과 유사하게 땅콩 요리를 취급하는 곳에도 판매할 수 있다.

어떠한가. 그런데도 막막하지 않은가. 땅콩을 팔라고 하니 어디서 어떻게 팔아야 하며, 얼마나 팔 수 있을까에 대한 생각으로 막연하고 답답할 것이다.

아무리 생각해봐도 땅콩은 좋은 아이템이 아니어서 판매를 못 하겠고, 다른 아이템이면 할 수 있을 것 같다는 생각이 드는가?

출처 : 픽사베이　　　　　　　　　　　　출처 : HBAF 스토어

이것이 아이템을 대하는 보통 사람의 한계다. 당신에게 들려주고픈 이야기는 '바프'라는 브랜드에 관한 이야기다. 그곳도 당신과 똑같이 땅콩을 파는 곳이다.

그런데 땅콩을 연 1,000억 원어치나 판다. 똑같은 땅콩인데 무려 1,000억 원을 판다. 바프는 단순하다. 땅콩을 어디서도 못 먹을 맛으로 만들고, 한 번 먹으면 다른 맛이 궁금하게 만들고, 한 번 먹으면 또 먹고 싶게 만들어서 판다. 그것이 비결의 전부다.

물론 브랜딩, 마케팅, 상품력 등 잘된 이유를 분석하자면 이런저런 근사한 말들로 표현할 수 있지만, 그들이 '땅콩을 맛있게 판다'라는 명료한 사실은 변하지 않는다. 파는 아이템이 '땅콩'이라는 것도 변하지 않는다.

다시 처음으로 돌아가서 이야기하자면 카페 창업은 레드오션이다. 아니다.

블루오션이다. 나에게는 블루오션이고, 레드오션이라 생각하는 누군가에게는 레드오션이다. 중요한 것은 아이템이 아니라 그것을 바라보는 당신이다. 누군가는 된다고 하고, 누군가는 안 된다고 한다. 둘 다 옳다.

세계적 자동차 기업인 포드 창업자인 헨리 포드(Henry Ford)의 말을 빌려서 당신에게 마지막 당부를 전한다.

"당신이 된다고 생각하든, 안 된다고 생각하든 당신이 옳다."

누군가는 되고, 누군가는 안 되니까. 당신이 원하는 것에 집중하라. 그곳이 블루오션이다. 그러므로 카페 창업은 블루오션이다. 당신이 원한다면.

하고 싶은 일?
그건 취미로 하자

　장사로 돈을 버는 방법은 아주 명료하다. 1,000원을 주는 사람에게 2,000원의 가치를 주면 된다. 점심 밥값이 비싸다고 언론에 보도되고, 사람들이 점심 밥값이 부담된다고 하는 이유는 무엇인가? 명료하다. 1만 원을 내고 먹는 메뉴가 1만 원 정도 값어치만 하기 때문이다. 여전히 10만 원이 넘는 오마카세 코스는 잘 팔리고, 호텔 뷔페는 연일 만석이다. 오마카세와 호텔 뷔페가 비싸진다는 뉴스를 본 적이 있는가?

　왜 그럴까? 10만 원을 주고 먹는 오마카세에서 10만 원 이상 값어치를 느

출처 : 픽사베이

낄 수 있기 때문이다. 똑같이 10만 원을 들여도 집에서는 그렇게 먹을 수 없다.

당신이 하고 싶은 일이 장사가 되는 순간 고객들이 지불하는 금액 이상으로 가치를 제공할 수 있어야 한다. 단순히 커피를 좋아한다고, 카페를 오픈하지 말라는 이야기다. 커피를 좋아해서 카페를 오픈하려면 당신이 좋아해서 만드는 커피가 사람들이 지불하는 돈 이상의 가치를 제공해줘야 하기 때문이다.

하고 싶은 일은 취미로 남겨둬라. 하고 싶은 일로 장사를 하려면 그 수준을 전문가 단계까지 만든 후에 하라. 그러나 어떤 일이든 전문가 단계에 이르기에는 시간이 걸리는 법이고 그러면 취미가 아니게 된다.

그렇다면 어떤 마인드로 장사를 해야 하며, 어떤 방식으로 접근해야 할까? 정답은 없지만, 접근법은 있다. 당신이 좋아하는 것 말고, 사람들이 좋아하는 것을 하라. 소비자일 때는 깐깐하게 따지던 것도, 본인 장사를 하게 되면 보지 못한다. 중이 제 머리를 못 깎듯, 내 가게가 되면 '이 정도는 받아야 하는데?', '왜 이걸 몰라봐?', '이게 얼마나 정성스럽게 만드는 건데'라는 생각을 하게 된다.

카페홈즈는 카페를 오픈할 때 '쿠키'를 메인 디저트로 내세웠다. 나도, 공동대표도 쿠키의 '쿠'자도 모르는 사람들이다. 만들어본 적도 없고, 뭐가 맛있는지도 모른다. 철저히 소비자들이 쿠키를 커피와 먹고 싶어 한다는 사실과 쿠키를 메인으로 내세우는 프랜차이즈가 없다는 사실에 집중했다. 개인 카페가 디저트는 맛있어도 커피 맛이 부족하다는 것에만 집중했다. 소비자들이 원하는 것을 알았으니, 그것을 잘하면 되는 문제였다.

그러나 우리는 쿠키를 전혀 모르고, 커피를 마셔보기만 했고 만들어본 적이 없기에 철저히 소비자 입장에서 쿠키와 커피를 만들었다. 내가 먹던 1,500

원 커피보다 압도적으로 맛있게, 시중 쿠키보다 더 크고, 맛있고, 저렴하게. 소비자가 지불하는 금액보다 더 큰 가치를 느낄 수 있도록, 그래서 소비자들이 '합리적'이라는 생각이 들 수 있도록 만들었다. 이것이 카페홈즈가 짧은 시간에 지역 1위 매장이 될 수 있었던 이유다.

내가 잘하는 것 말고 소비자가 좋아하는 것을 한 것이다.

장사는 취미가 아니다. 누군가 돈을 내고 무엇인가를 사거나 먹는 등가교환(等價交換)의 행위다. '돈'이 오가기에 모든 사람은 쓰는 돈보다, 또는 최소한 그만큼의 가치를 원한다. 당신의 취미에 사람들은 돈을 쓰지 않는다. 사람들은 항상 '합리적인 소비'를 원한다. 그러니 하고 싶은 일이 있다면 취미로 남겨 둬라. 당신의 취미를 사람들은 돈을 주고 사지 않는다.

막막한 마음은
일단 시작하면 사라진다

장사도 창업도 막막한가? 시작하지 않아서 그렇다. 상상과 걱정은 늘 앞서 가기 마련이다. 현실이 되면 그건 걱정이 아니라 '문제'가 되고, 문제는 '해결' 하면 된다. 걱정은 해결할 수 없다. 현실이 되지 않았기에 해결할 수 없고, 당신의 머리와 마음속에만 있기에 남들은 볼 수도 없다. 따라서 걱정할 필요가 없다.

'작업 흥분'이라는 말이 있다. 우리의 뇌는 일단 시작하면 집중하게 되어 있고, 일에 몰입하게 된다는 뜻이다. 막상 시작하면 별것 아닌 일도 시작 전에는 쓸데없는 망상과 걱정들로 지레 겁을 먹게 된다. 그러니 걱정하지 않으려면 아주 좋은 방법이 있다. 시작하면 된다.

다시 말해주겠다. 걱정하지 마라. 그냥 시작하라. 걱정은 현실이 되면 문제가 된다. 문제는 해결하면 그만이다. 고로 걱정은 아직 일어나지 않은 상상의 일이다. 그냥 시작하라.

계획 없이 무턱대고 좌충우돌 부딪히란 이야기는 아니다. 그런데도 걱정만 하고 있다면 차라리 계획 없이 좌충우돌 부딪혀라. 그게 낫다. 전 세계에서 가장 큰 스포츠 브랜드인 나이키의 슬로건을 기억하라. 'Just Do It.'

이 장에서는 당신에게 한 가지만 누차 말할 예정이다. 그냥 시작하란 말. 어떠한 계획도 없다. 절대 계획대로 되지 않는다. 계획대로 되려면 당신이 계획대로 '하면' 된다.

계획대로 흘러가는 일은 없다. 계획대로 당신이 할 뿐이다. 카페를 오픈하기가 두려운가? 오픈하고 나면 오픈하기 전의 두려움은 없다. 가게가 잘 안 될까 봐 두려운가? 걱정인가? 가게가 잘되면 또 다른 걱정스러운 일이 생긴다. 그러니 사전에 걱정하지 마라. 물론 당신의 두려움은 당연하다. 그러나 두려움과 막막함을 현실에서 부딪히며 걱정이 아닌 '문제'로 마주하라. 해결할 수 있다.

당신의 헛된 상상을 집어치우고 그냥 시작하라. 잘되는 것도, 잘되지 않는 것도 모두 상상과 걱정과 망상일 뿐이다. 원하는 것에 집중하고 그저 시작하면 된다. 당신이 그려놓은 당신만의 이상적인 카페가 있다면, 거기로 당신이 가기만 하면 된다.

우리는 수많은 말로 시작의 중요성을 알고 있다. 천 리 길도 한 걸음부터고, 시작이 반이다. 깊게 생각하고, 빠르게 행동하라. 빠르게 생각하고, 더디게 행동하는 게으른 바보가 되지 않으려면, 깊게 생각하고 빠르게 행동하라.

커피 전문가 말고,
장사꾼이 되라

전문가는 어떤 분야를 연구하거나 그 일에 종사해 그 분야에 상당한 지식과 경험을 가진 사람을 말한다. 당신이 카페를 하면서 전문가가 되려고 원두를 공부하고, 로스팅을 공부하고, 라떼 아트를 공부한다면 훌륭한 자세다. 그것은 분명 훌륭한 자세가 맞다. 그러나 반드시 특정 경지에 오르기 전까지 시간이 걸리고, 전문가가 된 후로도 배움은 끝이 없다. 그러니 먼저 장사에 능통한 사람이 되어야 한다. 장사하는 이유가 돈을 벌기 위해서라면, 장사꾼이 먼저다. 전문가는 이미 있다. 그들에게 배워라. 그들을 채용하거나.

우선, 장사꾼이 되려면 완전히 소비자의 눈으로 당신이 자주 가는 카페를 살펴봐라. 고객들이 붐비는 카페를 가봐라. 또한 고객이 없고 장사가 안 되는 카페도 가봐라. 그리고 기록하라. 왜, 여기가 잘되는 것 같은지. 왜, 여기가 안되는 것 같은지.

잘되는 카페에 갔다고 가정해보자. 아마 이런 것들이 눈에 띌 것이다. 이것들을 기록하라.

입지와 상권이 좋아보인다. 경치가 좋다. 가격이 저렴하다. 프랜차이즈 카페라 이미 경쟁력이 있다. 라떼가 맛있다. 디저트 구성이 훌륭하다, 가성비가 좋다. 공간이 아늑하다. 인스타그램으로 마케팅을 잘한다. 블로그 후기가 좋다. 리뷰가 좋다. 주차가 편리하다. 깔끔하다. 넓다. 쾌적하다. 맛이 좋다. 연인과 같이 오기 좋다. 조용하다. 잘되는 카페에 가서 왜 잘되는 카페 같다는 생각이 드는지 모든 것을 기록하라.

다시 반대로 장사가 잘되지 않는 카페에 가봐라. 그리고 똑같이 기록하라. 불친절하다. 협소하다. 가격이 비싸다(또는 비싸게 느껴진다. 비싸게 느껴진다면 왜 비싸게 느껴지는지), 디저트가 맛이 없다. 입지가 좋지 않다. 인테리어가 엉망이다. 결제가 불편하다. 밖에서 보이지 않는다. 간판이 낙후되었다. 올드한 느낌이 난다. 좌석이 불편하다. 커피가 맛이 없다. 특색이 없다. 이렇게 소비자로서 느껴시는 모든 불편함을 기록하라.

잘되는 카페의 잘되는 이유와 안 되는 카페의 안 되는 이유를 아주 면밀하게 적었다면 이제 합쳐라. 당신의 카페를 위해서 가져야 할 장점과 반드시 극복해야 할 단점이 될 것이다. 그리고 이렇게 적다 보면 소비자의 눈으로 장사를 시작할 수 있다. 모든 장사의 시작점은 소비자의 눈에서 시작해야 한다.

당신이 하고 싶은 것을 이것저것 하려 한다면, 다시 말하지만 하지 마라. 장사가 취미라는 것은 장사하는 사장님의 마인드가 아니다. 비유하자면 당신은 교향악단을 연주하는 지휘자고, 선수들을 운영하는 감독이다. 바이올리니스트, 피아니스트, 특정 포지션의 축구 선수가 될 필요가 없다.

장사꾼의 눈을 가져라. 그것이 먼저다.

투잡으로 카페 차릴 거면
그만둬라!

사업과 장사의 차이를 설명할 수 있는가? 그렇지 않다면 투잡으로 카페를 차릴 생각은 하지 말아야 한다. 투잡으로 카페를 차리는 것과 사업과 장사의 차이를 설명하는 것이 무슨 연관성이 있을까 싶을지도 모른다. 하지만 이 차이를 알지 못한다면 절대 투잡으로 카페를 차릴 생각은 하지 말아야 한다.

> 사업 vs 장사

백종원 씨는 사업을 하고 있다. 홍콩반점과 빽다방 점주는 장사를 하고 있다. 이 말에 동의한다면 사업과 장사를 어렴풋이 구분하고 있다는 뜻이다.

이런 예는 어떨까? 동네에서 가장 큰 마트를 운영하지만 매일 출근하는 사장님과 편의점을 운영하고 있지만, 출근은 전혀 안 해도 되는 점주. 누가 사업을 하고 있고, 누가 장사를 하고 있을까?

사업과 장사의 가장 큰 차이는 '시스템'의 유무다. 사업은 시스템이 있고, 장사는 일부 있어도 본질적으로 당신이 없다면 돌아가지 않는다. 백종원 씨가 이탈리아에서 여행하고, TV 예능 프로그램을 촬영하느라 자리를 비워도 더본

코리아는 멈추지 않는다. 마트 사장님이 출근하지 않는다고 문을 닫아야 한다면, 그건 그냥 큰 규모의 장사를 하는 것이다. 시스템이 없기 때문이다.

그렇다면 투잡으로 카페를 차린다는 뜻은 무슨 말일까? 내가 없어도 돌아가는 시스템을 만들겠다는 것이다. 즉, 사업을 하겠다는 뜻이다. 투잡으로 사업을 한다는 것은 내가 없어도 운영이 되며, 나에게 수익을 만들어주는 매장을 운영한다는 뜻이다. 그게 가능하다면 하라.

그러나 처음에는 단연코 가능하지 않을 것이다. 본사가 아무리 훌륭한 물류와 시스템을 제공해줘도 본질적으로 시스템은 사람에 의해 움직인다. 당신을 대신할 당신만큼의 능력을 갖춘 사람을 채용하고 교육하고 배치해 운영해야 한다.

마침내 낭신이 없어도 돌아가는 구조가 만들어져야 투잡으로 당신이 생각하는 카페가 가능하다. 그리고 이런 구조를 만들기 위해서는 절대적인 시간이 소요된다. 당신이 출퇴근하며 이런 구조를 만들 수 있는 능력, 또는 자신감이 있다면 당연히 해도 된다. 하지만 현실적으로 부딪히는 난관은 오롯이 당신의 몫임을 명심해야 한다.

카페홈즈 직영매장은 누구나 부러워하는 오토(Automatic) 매장이다. 나와 공동대표가 매장에 출근하는 일은 거의 없다. 가끔 들러 커피를 사서 마시거나, 가맹 상담 미팅을 위해 쿠키나 음료를 가지러 방문할 뿐이다. 이런 모습을 보고 많은 예비 가맹점주들이 우리와 같은 모습을 꿈꾸며 문의를 한다. 그럴 때면 한결같이 하는 말이 있다.

"오토 매장을 위해서는 사람, 시간, 재고, 퀄리티 이 4가지가 본인이 없어도 채용되고, 운영되고, 관리되고, 유지되어야 합니다. 이 4가지를 모두 갖추실

수 있다면 내일부터도 오토로 카페 운영이 가능합니다."

즉, 안 된다는 말이다. 당신의 역량이 부족해서가 아니라 장사와 사업의 차이를 알아야 한다는 이야기이며, 장사의 단계를 거치지 않고는 사업으로 넘어갈 수 없다는 뜻이다. 백종원 씨도 쌈밥 장사에서 시작했다는 것을 알아야 한다. 본인이 모든 단계의 일을 누군가에게 완벽히 교육하고 위임할 정도가 되지 않으면 절대 투잡으로 무엇인가를 운영해서는 안 된다. 중식당을 차리면서 짜장을 볶을 줄 모르고, 김밥집을 개업하면서 김밥을 쌀 줄 모르는데, 심지어 그 매장을 나 없이 운영하려는 오만한 생각을 하지 않기를 바란다.

당신의 돈은 너무나 소중하지 않은가.

카페홈즈 직영매장   출처 : 카페홈즈

개인 카페와 프랜차이즈 카페, 당신에게 맞는 카페는?

카페를 창업하기로 결심했다면, 아니 카페가 아니더라도 '장사'를 하기로 했다면 프랜차이즈를 선택할지 나만의 가게를 오픈할지를 결정해야 한다. 다음 사항에 최소 3항목 이상 자신이 해당한다면 개인 카페(또는 장사)를 해볼 만하다.

1. 기존 프랜차이즈 카페에서 찾을 수 없는 명확한 특색이 있는 메뉴 제공 가능

- 마카롱, 케이크 등을 수제로 만드는가? 디저트라도 스스로 만들 줄 알며, 기존 프랜차이즈 카페에서 볼 수 없는 특색있는 메뉴인가?

2. 바닷가, 산, 숲, 강 등 경치가 확보된 상가 보유 또는 임대 가능

- 경치는 그 자체로 좋은 역할을 하며, 근사한 뷰를 제공하는 곳은 압도적인 경쟁력을 갖춘 셈이다.

3. 마케팅 및 브랜딩에 대한 실무적 지식 보유, 관련업에 종사한 경험 보유

- 잘 만드는 것과 잘 알리는 것은 다르다. 적극적으로 내 가게와 카페를 알릴 수 있는 실무적 지식을 보유하고 있는가?

4. 기존 카페 근무 경험 (개인 카페 및 프랜차이즈 포함) 5년 이상

- 운전면허 없이 차를 운전할 수 없고, 자전거도 타지 못하면서 오토바이를 몰 순 없다. 최소한 카페에서 일해본 경험도 없이 카페를 하겠다는 것은 오만이다.

5. 지속적인 메뉴 개발 및 시즌성 음료 개발 가능

- 머무르면 뒤처진다. 프랜차이즈는 매 분기, 시즌별 신메뉴를 출시한다. 그들과 경쟁해서 이길 수 있어야 한다.

6. 원가 및 손익 계산표 작성 가능

- 원가와 손익 계산도 하지 못하면서 장사하려는 생각이라면 지금부터라도 배워라.

7. 6개월 정도 영업이익이 발생하지 않아도 운영할 수 있는 현금 또는 정신력 보유

- 우여곡절 끝에 오픈해도 처음부터 절대 잘되지 않는다. 잠깐 반짝하는 가게를 만들 것이 아니라면, 체력을 비축해놓아야 한다.

8. 내 가게만의 콘셉트의 존재

- 다음 장에서 자세히 설명할 존재인 '콘셉트'가 내 카페에 있는가? 내 카페에 와야만 하는 이유가 있는가?

아주 보수적으로 잡아서 3개이며, 최소 절반 이상은 해당해야 개인 카페를 오픈해도 경쟁력이 있다. 카페 대부분을 하는 초기 자영업자들이 정말 쉽게 카페를 오픈한다. 맞다. 카페 오픈은 쉽다. 운영이 어려울 뿐이다. 오픈은 정말이지 돈만 있으면 어떻게든 할 수 있다. 어느 정도의 우여곡절이 있을 수 있지만, 오픈은 어떻게든 된다.

제시한 8개의 항목 중 몇 개가 당신에게 해당되는가? 절반 이상이 해당하지 않는다면 진지하게 개인 카페를 오픈하지 마라. 더 공부하고, 더 경험을 쌓고 카페를 오픈해도 늦지 않다. 차라리 프랜차이즈 카페를 오픈하는 것이 돈도 벌고, 시간도 허비하지 않는 훌륭한 선택일 수 있다. 그렇다면 어떤 프랜차이즈를 오픈해야 할까?

다음 6가지 항목 중 4개 이상이 해당하는 프랜차이즈를 추천한다.

1. 그 카페 프랜차이즈만의 시그니처 메뉴가 있는가(대체 불가능한 메뉴)?

- 써브웨이를 가면 샌드위치가 시그니처다. 설빙에 가면 빙수가 있다. 스타벅스에 가면 나만의 음료를 만들 수 있다. 프랜차이즈에 시그니처가 없다면, 그 카페를 대체 왜 하는가?

2. 메뉴에 통일성이 있는가?

- 손 많이 가는 프랜차이즈는 하지 마라. 메뉴에 떡볶이도 팔고, 밥도 팔고, 커피도 팔고, 디저트도 판다면 그것은 카페가 아니라 푸드코트다. 다양해도 통일성이 있어야 한다. 써브웨이를 보라. 수많은 샌드위치를 팔지만, 햄버거를 뜬금없이 팔지는 않는다.

3. 테이크아웃, 배달 매출의 구성은 어떠한가?

- 코로나19 시국을 보지 않았는가. 테이크아웃에만 의존하면 시즌 영향, 상권 영향 등을 받기 마련이다. 배달에만 의존하면 배달이 되지 않는 날은 장사가 안 된다는 뜻이다. 테이크아웃 6, 배달 4 정도의 매출 비율이 가장 이상적이다.

4. '나'와 결이 맞는 브랜드인가?

- 1~3번 항목을 통해 점검한 후 추려지는 브랜드 중 그 브랜드의 로고, 컬러, 인테리어, 브랜드 방향성이 나와 맞는가를 점검해야 한다. 아무리 좋아도 나랑 맞지 않으면 추천하지 않는다.

5. 물류비(원가)를 확인하라

- 가맹본사가 컨트롤할 수 있는 비용은 물류비용밖에 없다. 오픈 비용은 일회성 비용이지만 이후 발생하는 비용은 지속해서 발생하는 물류비용이다. 전체 매출 중 물류비(원가)에 해당하는 항목과 비용을 정확히 확인하라.

6. 지속 가능성, 성장 가능성을 확인

- 매장이 유지되고 있는 곳은 얼마나 유지되었는가, 성장 가능성은 어떠한가(**월별 오픈 매장 수**) 등을 체크하라. 빅 브랜드라면 온라인에 공개된 기존 가맹점주들의 목소리를 들어봐라. 초기 브랜드라면 매월 몇 개의 가맹점이 오픈하고 있는지를 확인하라.

앞의 6개 항목은 프랜차이즈 선택 시 4개 이상, 5개 이상이 아닌 6개 모두 반드시 해당해야 한다. 1개라도 합격점을 줄 수 없다면, 그 프랜차이즈를 선택하지 않기를 바란다.

카페 창업은 '○○○'가 없으면, 1억 원 날린다

콘셉트가 없는 가게는 살아남기 힘들다. 이것은 프랜차이즈든, 개인 카페든, 동네 구멍가게든, 족발을 팔든, 삼겹살을 팔든 모두 마찬가지다. 장사하려면 명확한 콘셉트가 있어야 한다.

콘셉트가 어렵게 느껴진다면 더 쉽게 풀이할 수 있다. 만약 당신이 개인 카페를 운영한다면 당신의 카페(가게)를 가야 하는 이유가 무엇인가? 옆집 1,500원짜리 중저가 프랜차이즈 커피 말고, 실내 좌석이 쾌적하고 메뉴가 다양한 대형 프랜차이즈 말고, 당신의 카페(가게)를 가야 하는 이유가 무엇인가?

당신의 카페를 떠올렸을 때 떠오르는 어떤 것도 없다면, 그건 그저 밋밋한 특색 없는 망하는 카페와 똑같은 가게라는 뜻이다. 샌드위치 하면 써브웨이, 도넛 하면 던킨도너츠, 빙수 하면 설빙, 핫도그 하면 명랑 핫도그가 떠오르고, 토스트 하면 이삭 토스트다. 당신의 카페는 무엇을 떠올리게 하는가?

이런 생각이 떠오를 수 있다. 음료는 이미 중저가 커피 프랜차이즈가 저렴하고, 내가 하려는 메뉴는 대형 프랜차이즈에서 다 만드는데 내 카페는 편안하고, 안락하고, 친절한 소형 카페를 콘셉트로 하면 되지 않을까?

틀렸다. 그건 콘셉트가 아니라 기본이다. 우리는 기본을 자꾸 콘셉트라고 착각한다. 다시 말하지만, 당신의 카페에 가야만 하는 이유가 바로 콘셉트다. 대체가 불가하고, 당신의 카페여야만 하는 확실한 이유. 써브웨이 샌드위치를 써브웨이가 아닌 곳에서 먹을 수 있는가? 설빙의 인절미 빙수를 설빙이 아닌 곳에서 먹을 수 있는가? 카페홈즈의 쿠키를 다른 곳에서 맛볼 수 있는가? 아니다. 없다. 대체가 불가하다. 우리는 이것을 고유한 가게의 특성, 당신의 가게를 가야만 하는 이유, 차별화, 콘셉트라고 부른다.

프랜차이즈가 아님에도 불구하고 확실한 콘셉트로 살아남는 가게들이 있다. 이런 콘셉트가 있는 카페들의 예시를 통해서, 당신의 카페에서 당신만이 제공할 수 있는, 그래서 당신의 카페를 찾아와야만 하는 이유를 고민해보길 바란다.

프랜차이즈를 오픈할 생각이라면 콘셉트가 있는 매장을 찾아라. 당신만의 카페의 콘셉트를 찾을 수 있다면, 적어도 콘셉트가 통하지 않아서 망했다는 명확한 이유라고 알 수 있다. 말인즉슨, 먹히는 콘셉트 통하는 콘셉트를 찾는다면 흔히 말하는 대박 카페가 될 수 있단 뜻이다.

카페홈즈

카페홈즈는 3층의 사무실 탕비실을 개조해서 오픈했다. 당시 평수로 2.6평 정도였으니 3평도 안 되는 공간에서 오픈한 셈이다. 당연히 간판도 없었고, 외부에서는 보이지도 않았다. 그런 카페홈즈는 오픈하고 3개월 만에 '배달의민족'에서 주문 많은 순 1위를 달성했다. 테이크아웃 매출은 한 달 약 400만 원의 매출(다시 말하지만 3층 2.6평에서), 배달로는 한 달 약 5,000만 원의 매출을 만들어냈다. 가게를 해본 경험이 있다면, 이 수치가 얼마나 기적 같은 수치인 줄 알 수 있을 것이다.

이런 매출이 어떻게 가능했을까? 후에 천천히 다양한 요인들을 설명하겠지만 첫 번째 이유는 명확한 콘셉트가 있었기 때문이다. '쿠키'를 전문으로 하는 '디저트 카페'라는 콘셉트다. 쿠키를 가장 맛있게, 예쁘게, 저렴하게 파는 곳으로, 쿠키를 먹고 싶다면 카페홈즈 외에는 대체가 없을 정도로 만들었기 때문이다.

출처 : 카페홈즈

홍대 메이드 카페 '츄시떼'

출처 : 츄시떼

콘셉트의 극단적인 예시를 보여주기 위해 2023년 초 오픈한 '츄시떼'라는 카페를 소개한다. 홍대에 메이드 카페가 오픈한다고 했을 때, 온·오프라인 어느 한 곳 할 것 없이 떠들썩했다. 누가 저길 가냐, 일본의 문화일 뿐이다, 부끄러워서 못 간다, 얼마 못 가고 망한다 등등. 그런데 현재 결과표는 다음과 같다.

> '6월 예약 마감되었습니다.'

이 글을 쓰고 있는 5월 초에 이미 6월 예약이 모두 마감되었다. 이게 콘셉트의 힘이다. 1명을 완벽하게 만족시킨다면 그 1명이 1,000명이 될 때 당신의 가게를 찾아오는 1,000명의 단골이 생긴다는 말이다.

동네 카페

출처 : 픽사베이

우리 동네에는 호주에서 온 외국인 남편과 아내가 운영하는 카페가 있다. 그 카페는 15평 남짓한 공간에서, 호주산 원두로만 로스팅하고 독특한 이름을 가진 메뉴들을 취급한다. 나는 종종 그 카페에 간다. 참으로 독특하고, 어디서도 보기 힘든 카페기 때문이다. 커피 맛도 좋고, 무엇보다 '어딜 가서도 먹을 수 없기 때문'이다. 물론, 사장님이 불친절하거나, 좌석이 불편하거나, 서비스가 엉망이라면 안 간다. 이것이 내가 당신이 콘셉트라고 하는 것을 기본이라고 말하는 이유이며, 진짜 콘셉트란 무엇인가에 대한 답이다.

기본에 콘셉트를 더하라. 대체 불가능하고, 당신만이 제공할 수 있는, 당신만의 것을 치열하게 찾거나 만들어라.

Part 2

오픈

아무도 알려주지 않는
진짜 장사에 필요한 정보

오픈(Open) : 열거나 열려 있는 것

카페 창업, 어디서부터 어떻게 시작하는가?

카페 창업을 결심했어도 보건증, 위생교육, 임대차계약, 사업자등록, 영업신고 등 당신이 해야 할 진짜 업무들이 남아있다. 카페 창업의 첫 절차부터 당신의 사업자가 나오기 전까지 해야 할 '진짜' 일들은 다음과 같다. 많아 보여도, 단계별로 매일 할 수 있는 일은 1가지다. 겁먹지 말고 차근차근 따라서 진행하면 된다.

카페 창업을 위해서 사장님이 해야 할 일의 첫 번째는 카페를 열고 싶은 자리를 알아보는 것이다. 그에 따라 임대차계약서도 작성해야 한다. 이 부분은 차후에 서술하고 우선은 정말 카페를 오픈하는 모든 행정적 절차들과 필요한 서류를 안내하겠다.

1. 서류 준비

(1) 보건증
① 지역 관할 보건소에 방문해 보건증 수령을 위한 검사를 진행한다.
② 보건증 발급까지는 최소 5~7일이 소요된다.

③ 공동명의로 사업자를 설립하는 경우 대표 모두 발급받아야 한다.

④ 1년 주기로 재검사를 받아야 한다.

자, 이제 보건증이 끝났으면 다음 절차를 바로 진행해보자.

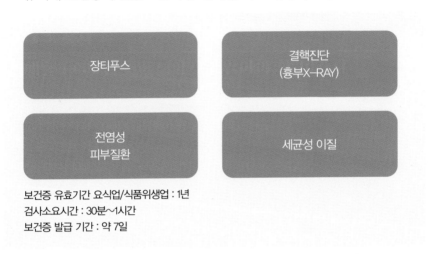

보건증 유효기간 요식업/식품위생업 : 1년
검사소요시간 : 30분~1시간
보건증 발급 기간 : 약 7일

출처 : 저자 작성

(2) 위생교육 이수

① 위생관리 책임자(당연히 사장님 = 당신) 1명이 교육을 이수해야 한다.

② 한국휴게음식업중앙회 접속 https://kcraedu.or.kr/user/main

③ 회원가입 후 → 신규 영업자 수강 신청

④ 6~7시간 교육 이수 후 70점 이상 시 수료 가능

- 해당 절차는 코로나19 당시는 온라인으로 진행되었으나, 현재는 근처 관할 교육장에서 오프라인 교육을 이수하는 것으로 변경되었다.

⑶ 영업신고증

영업신고증 : 사업자등록을 발급받기 위해 선행되는 절차로 업종에 관한 영업신고를 하고 이를 승인받았음을 증명하는 문서

* 수수료 : 28,000원 / 면허세 : 지역마다 다르나 1~2만 원

① 관할 보건소 또는 구청 위생과에 유선으로 문의 후 방문

② 영업신고서 작성 → 상담 → 접수 → 서류검토 → 결제 → 신고증 교부

③ 영업소 명칭 작성 시 유의 사항

- 프랜차이즈일 경우 : '프랜차이즈 브랜드명' + 지점명(예_카페홈즈 중곡역점)
- 개인 카페일 경우 : 카페명 기재

④ 영업의 종류 : 식품접객업

⑤ 영업의 형태 : 휴게음식점

⑷ 사업자등록증

사업자등록은 온·오프라인 모두 진행할 수 있다. 최초의 사업자등록은 오프라인으로 하시라는 의미로 오프라인 기준으로 이야기하겠다. 처음 사업할 때는 세무서를 방문하면서 발로 뛰는 경험을 해보는 것이 가슴이 두근거리는 즐거움을 줄 수도 있다. 단 한 번뿐인 경험을 해보기를 추천한다.

① 관할 세무서 씩씩하게 방문

② 사업자등록 진행 – 관할 세무서에서 안내

③ 상호명 기재 : 프랜차이즈일 경우 계약서에 기재한 상호명과 동일하게
　 기재

④ 사업의 종류

　 • 업태 : 음식점업

　 • 종목 : 커피 또는 카페

＊ 공동대표일 경우 ＊

공동대표일 경우 사업자 유형과 관계없이 동업계약서를 동반해 관할 세무서를 방문해야 한다. 동업계약서 양식 샘플은 다음과 같으나 실제 동업계약서 체결은 아주 신중하게 작성하고, 변호사를 통해 확인받고 공증을 진행하는 것이 필수다.

동업계약서

갑: 성   명:
　　주민등록번호:
　　주   소:

을: 성   명:
　　주민등록번호:
　　주   소:

갑과 을은 _____ 소재의 _____을 공동으로
경영하기 위하여 다음과 같은 계약을 체결한다.

제1조(출자의무) 갑과 을은 _____을 경영하는데 필요한 자본금을 각각 50%씩
출자한다.
제2조(영업경영의무) 갑과 을은 선량한 관리자의 주의로서 위 영업을 경영하고 재산을 관리
하여야 하며 모든 의무를 성실히 이행하여야 한다.
제3조(이익분배) 매년말 결산후 이익을 출자비율에 따라 분배한다.
제4조(대표) 위 영업을 경영함에 필요한 제3자와의 거래, 영업명의, 기타 영업에 부수되는
행위는 갑과 을이 이를 공동으로 대표하여 권리의무를 갑과 을이 부담 취득한다.
제5조(손실에 대한 책임) 갑과 을이 위 영업의 경영으로 인하여 손실을 보았을 때에는 출자
비율에 따라 손실을 부담한다.
제6조(영업에 대한 감시권) 갑과 을은 상대방의 요구에 따라 언제든지 서면으로 경리에 관
한 사항과 영업 및 거래에 관한 회계자료를 제시하고 영업전반에 관한 사항을 보고하
여야 한다.
제7조(계약의 존속기간) 본 계약은 특별한 사정이 없는 한 1년간 존속하며, 기간만료의 경
우 상대방의 이의가 없으면 같은 기간동안 위 계약은 연장된다.
제8조(계약해지권) 갑과 을은 3개월간의 사전통지기간을 두어 계약을 해지할 수 있다.
제9조(계약의 해지 및 종료로 인한 원상회복) 계약이 해지되거나 종료된 경우 출자액을 현
금으로 지체없이 반환하여야 한다.
제10조(손해배상) 갑과 을은 이 계약이 당사자 어느 일방의 귀책사유로 해지 또는 종료된
경우 상대방에게 그 손해를 배상하여야 한다.
제11조(관할법원) 이 계약으로 인하여 분쟁이 생긴 경우 관할법원은 갑의 주소지 법원으로
할 것을 합의한다.

이상의 계약을 준수하기 위하여 갑과 을은 계약서 2통을 작성하여 각 1통씩 소지한다.

년   월   일

갑: _____ (인감)

출처 : 저자 작성

(5) 사업자통장 개설

① 주거래 은행에 방문(구비서류 : 사업자등록증, 신분증)

② 공동명의일 경우 주대표 명의로 사업자통장을 개설

2. 운영 준비

(1) 유선전화 / 인터넷 설치
① 유선전화 인터넷 설치(인터넷전화는 안 됨)
② SK텔레콤, KT, LG U+ 등 통신사 3사 기준으로 혜택과 비용이 다르며, 인터넷 설치는 필수
③ 인터넷 설치 시 500메가 이상으로 반드시 설치

(2) 경비업체 가입
① 캡스, KT텔레캅, 세콤 등 경비업체 지정 및 CCTV 설치 필수
② 인테리어를 진행하기 전에 업체를 선정해야 CCTV 설치 시 배선 작업이 용이하다(별 것 아닌 꿀팁).

(3) 화재 음식물 배상 책임 보험 가입
① 화재 음식물 배상 책임 보험 가입은 필수이며, 오픈 전까지 가입 완료해야 한다.
  • 생각보다 카페나 음식점을 하다 보면 컴플레인 및 요상한(?) 일들이 생기니 보험 가입을 통한 대비가 필요하다.
② 월 3만 원 전후의 비용이 발생한다.

(4) 방역업체 / 세무법인 가입
① 방역업체는 필수는 아닌 선택(하지만 추천)
② 세무법인도 가입을 진행
③ 월 7~15만 원 사이의 대행료가 발생
  (부가세 신고, 종합소득세 신고, 아르바이트 급여 등의 업무 진행)

부가세신고　　종합소득세 신고　　알바급여　전직원 마스크 착용　손소독 필수　방역소독 실시

출처 : 저자 작성

⑸ 구인공고 등록

- 프랜차이즈든 개인 카페든 오픈 10일 전까지는 알바몬, 잡코리아 등에 구인공고를 올리고 사람을 뽑아야한다.

⑹ 배달 및 카드사 인증

① 배달의민족 사장님 광장, 쿠팡이츠 사장님 광장, 요기요 사장님 광장에 회원가입

② 모든 정보 기입 및 가입 진행

③ 카드사 인증 : 포스사가 어디냐에 따라 카드사 접수 진행이 달라짐(오픈 전 주에 진행).

④ 카드 매출 대금 입금 소요일 : 2∼5영업일(공휴일 제외, 카드사별 상이)

⑤ 오픈 전 전체 점검 및 가오픈

"수고하셨습니다." 그런데, 이제 시작이다!

이 정도면 카페 오픈과 관련한 실무 단계까지 안내가 끝났다. 이 책의 해당 장만 봐도 카페를 오픈까지는 할 수 있다. 어렵지 않다. 차근차근 따라만 하면 된다.

진짜 목 좋은 상권은
따로 있다

카페 창업이든 어떤 창업이든 첫 시작이 막막하게 느껴진다는 사실을 알고 있다. 특히, 처음부터 스스로 하려고 한다면 정말이지 하나부터 열까지 모든 과정을 오롯이 혼자서 해내야만 한다. 입지 선정, 상권분석, 상가 계약, 보건증, 위생교육, 사업자등록, 주방 집기 세팅, 원두 선정, 메뉴 개발, 인테리어 등 많기도 많다. 이런저런 과정을 혼자 다 하려고 하니 프랜차이즈가 낫겠단 생각이 들어서 문의하면 또 걱정이 생긴다.

'상권분석'. 이건 대체 어디까지 프랜차이즈본사가 해주고, 나는 어디까지 해야 할까? 어느 상권이 매력적일까? 아장 단지가 많은 곳이 좋을까? 유동 인구가 많은 곳이 좋을까? 오피스 상권이 나을까? 그런데 상권을 찾고 나면 보증금, 월세, 권리금은 또 얼마가 좋을까? 또 막막함이 몰려온다. 그래서 딱 정리해서 알려주겠다.

다음의 질문에 답해보자.

Q. 당신은 보통 커피를 언제 마시는가?

① 일어나서, 출근하기 전에

② 출근하며, 직장에 가면서

③ 점심시간

④ 휴식시간, 브레이크 타임

⑤ 저녁 퇴근길

⑥ 과제나 업무를 하며

⑦ 친구들 및 지인들과 만나서, 또는 특정 만남의 상황에

⑧ 기타(식후 디저트 및 집에서 먹고 싶을 때)

질문의 의도를 파악했는가? 당신이 하려는 카페가 '누구'에게 '어떤 상황'에 '어떻게' 커피를 제공할 것인가에 따라 상권분석이 달라진다는 이야기다.

중저가의 프랜차이즈 카페를 찾는 고객들이라면 당연히 ②,③,④,⑤,⑥ 정도에 해당한다. 그러니, 오피스를 주변에 두고 있는 곳에 직장인들을 기준으로 커피를 판매하는 것이 옳다.

그러나 여러분이 딜리버리 카페나 특정 콘셉트가 있는 개인 카페를 오픈하고 싶다면 이야기가 달라진다. 또한 대형 카페를 하기로 마음먹었다면 커피를 판매하는 고객층이 달라져 입지와 상권분석 또한 다르게 접근해야 한다.

어떤가 이해했는가? 당신이 중저가의 커피와 디저트를 취급하는 프랜차이즈 카페를 창업하기로 했다면(Feat. 카페홈즈), 오피스나 학원가 병원 등이 주변에 있는 곳이 좋다. 그래서 테이크아웃 매출을 확보하며 반경 1.5km까지 배달을 신경 쓸 수 있는 곳에 상가를 찾는 것이 안전하다.

상권분석은 반드시 월세와 같이 접근해야 하기에 다음 장에서는 상권과 월세를 합쳐서 더 자세하게 설명하겠다. 이 장에서는 한 가지 질문에만 답해 보자.

나는 누구에게 어떤 상황에 어떻게 커피를 팔고 싶은가?

월세, 얼마까지
알아봤는가?

상가의 월세는 언제나 처음 장사를 하는 사장님들에게는 어렵다. 200~300만 원만 해도 너무 비싼 것 같고, 너무 저렴하면 상권이 좋지 않은 듯하다. 내 예산에 맞춰서 들어가자니 이 월세가 맞는지 아닌지 망설여질 것이다. 그래서 적정 월세를 정해주려 한다.

> 월세 = 기대 매출의 10%

월세는 해당 상가를 통해서 기대할 수 있는 매출의 10%가 적절하다. 즉, 월세가 200만 원인 상가라면 1일 기대 매출은 60~70만 원이다. 월세가 300만 원인 곳이라면 1일 기대 매출은 100만 원이다.

그러나 이렇게 말하면 또 이런 궁금함이 생긴다.

'기대 매출은 어떻게 알지? 예상 매출은 어떻게 알 수 있지?'

이런 문제에 대한 답은 없다. 다만 답을 찾으려는 시도는 다음과 같이 해볼 수 있다. 우선 본인이 찾고 입점하려는 상가의 주변 매출을 조회해볼 수 있다. 해당 내용에 대해서는 업종과 지역에 따라 또 세분화된 접근이 가능하지만,

'카페'라는 창업에 대해서 한정해 접근 방법을 알려주려고 한다.

　먼저 근처에 경쟁 카페가 있다면 해당 카페의 마감시간에 방문해 마지막 주문을 넣어볼 것을 추천한다. 예를 들어 카페를 오픈하려는 곳 근처 20m 거리에 비슷한 개인 카페가 있다면, 그 개인 카페의 마지막 주문을 넣어보라. 그리고 꼭 영수증을 받아라. 키오스크로 주문하는 프랜차이즈 매장이라면 주문번호와 영수증을 확인하라.

　영수증과 주문번호는 대부분 당일 00시에 초기화된다. 즉, 방금 당신이 받은 영수증과 주문번호는 그날 마지막 영수증과 주문번호일 확률이 높다. 오늘 하루 해당 매장에서 몇 번의 주문이 있었는지 알 수 있다는 뜻이다.
　그런데도 문제는 발생한다. 해당 매장의 객단가를 알 수 없다는 것이다. 통상 객단가는 카페의 경우 해당 매장에서 가장 저렴한 음료 가격에 2~2.5배 정도가 적당하다. 이것은 경험에 의한 데이터이므로 크로스 체크가 필요하다.

　결론적으로 당신이 입점하려는 카페의 월세가 150만 원이라고 가정하자. 근방에 프랜차이즈 카페가 있고, 해당 프랜차이즈 카페 마감시간에 마지막 주문을 넣은 결과 100번의 번호가 찍혀 있다. 가장 저렴한 메뉴는 2,000원이다. 그러면 해당 매장의 1일 기대 매출은 약 5,000(객단가)×100잔 = 500,000원이다. 3일 기준 약 150만 원의 기대 매출을 생각할 수 있고, 적정 월세는 기대 매출의 10%인 150만 원이다. 즉 '적절'한 월세를 받는 매장인 곳이다.

이렇게 접근하는 것은 근처에 경쟁 카페가 있으면 가능한 아주 실질적인 방법이다. 사실 월세의 높고 저렴하고는 의미가 없다. 당신이 가용할 수 있는 예산 내에서 적절하거나, 과평가되었거나, 과소평가된 곳이 있을 뿐이다.

알려준 방법과 별개로 추가로 추천할 만한 방법은 답사다. 월세는 기대 매출과 직결되는 비용이다. 매장 내부의 컨디션, 층고, 통창 이런 내부적 요소가 중요한 것이 아니다. 외부적인 요소, 즉 가시성, 유동 인구, 기대 매출, 경쟁 카페의 현황, 기존 단골의 유무, 근처 상권 등이 절대적인 요소다.

때때로 상가 계약을 백화점에서 쇼핑하듯 해치우는 점주들이 있어서 노파심에 말한다. 현장을 답사하고, 알려준 방법으로 근처 경쟁 카페를 답사하고, 기대 매출을 뽑아보고 월세의 적절성을 따져봐라. 좋은 입지는 여전히 많다. 서두르지 말고, 신중해라.

이렇게 말하면 너무 추상적이란 생각이 드는가? 그래서 더 구체적으로 지금까지 1,000건이 넘는 가맹상담을 통해 입지 검토를 진행한 가맹본사의 대표 입장에서 월세와 상권에 대한 이야기를 더 알려주겠다.

1. 평당 월세 15만 원 이상

월세가 150만 원(10평 미만 기준) 이상일 경우. 하루 테이크아웃 기대 매출은 40~50만 원 정도다. 즉 3일 테이크아웃 매출이 월세보다 크거나 같은 조건이 되어야, 입지상 월세가 적절하다.

간혹, 신축 오피스텔 1층 상가. 아파트 단지 상가 등이 이와 비슷한 또는 더 비싼 가격으로 매물로 나온다면 점주의 역량이 중요하다. 주변에 버스 정류장, 회사 등이 있다면 괜찮지만 그렇지 않다면 그곳은 카페를 하기에 좋은 자리는 아니다.

보통 월세가 150만 원 정도면 오피스 인접, 밀접 지역. 마트·시장 등이 주변에 있는 경우에 학원가 근처, 학교 및 관공서 주변 등 고정적으로 유동인구가 확보된다. 커피를 사서 마실 가능성이 높은 고객들이 주변에 충분히 있는 경우다.

3가지 정도를 주변에서 체크하면 된다.

> 오피스 / 병원 / 학원 주변

2. 평당 월세가 10~15만 원 사이인 경우

1번에서 말한 입지에서는 도보로 한 블록 안쪽에 빠져 있거나(이면도로), 외부로 노출되지 않는 가게 등이 많다. 때때로 저평가된 매물이 있을 수도 있다. 1번 정도의 입지여도 드물게 평당 10~15만 원 사이의 월세 매장이 있다. 하지만 통상 평당 월세가 10~15만 원 정도라면 주변에 이 정도 여건은 갖추고 있어야 한다.

> 시장 / 소형 마트 / 편의점 / 횡단보도 /
> 버스 정류장 / 배후 빌라 및 주택가

주변의 유동 인구는 있지만, 고정 고객 확보는 어려운 경우다. 점주의 역량이 중요하게 작용한다. 소형 평수보다는 최소 실평수 10평 이상 홀이 있는 매장을 오픈하는 것을 추천한다.

3. 평당 월세가 10만 원 미만인 경우

저렴한 월세가 특징인 만큼 입지적으로 다음과 같은 위치에 존재할 경우가 높다. 역과 거리가 도보로 10분 이상인 대로 1층(바로 앞 4차선 이상의 도로 존재), 버스를 통해서 진입 가능한 아파트 단지 앞 상가, 빌라를 배후로 두고 있는 주거 단지 앞 1층 상가, 골목 상가(동네 미용실/ 세탁방/ 떡집/네일숍/ 등 찾아와서 방문하는 상가 주변). 즉, 접근성이 현저히 떨어지는 곳이다. 유동 인구가 적고, 주변에 거주하는 사람들만 이용하는 카페가 될 수 있다.

그렇지만 괜찮다. 이런 곳에 카페를 차리려는 사장은 다음과 같은 2가지를 반드시 확인해야 한다.

① 매장을 테이크아웃 판매보다 배달 판매와 홀 판매로 집중하고 싶은 경우
② 마케팅 역량을 갖추어 사람들이 찾아오게 하거나, 온라인 매출을 끌어올릴 능력이 있는 경우

매장 월세를 3가지 조건으로 나누어서 접근해봤다. 결국 모든 것이 선택이다. 특정 매장의 월세가 300만 원이라고 해서 너무 높다고 할 것이 아니라, 일 100만 원 이상 테이크아웃 매출을 판매할 수 있을 것인가를 검토하면 된다.

월세가 60만 원이라고 너무 좋다고 할 것도 없다. 하루 10~20만 원은 테이크아웃을 반드시 팔아야 하고, 배달로 나머지 매출을 만들어낼 수 있어야 한다.

이 장를 끝까지 읽은 분들을 위해 상권분석을 쉽게 접근할 수 있는 온라인

사이트 2곳을 소개한다.

① 상권 정보 : 소상공인 상권분석 시스템(https://sg.sbiz.or.kr/godo/index.sg)

② 오픈업 : 기존 매장 매출 조회 사이트(https://www.openub.com)

권리금, 모르면
무조건 손해 보는 것

돈 이야기는 늘 조심스럽다. 한국 사회에서는 불문율처럼 연봉도, 월급도, 재산도 묻지 않는 것이 예의인 듯하다. 그러나 그것은 당신이 돈을 받아야 할 처지에서 가져야할 태도다. 돈을 주고서라도 특정 위치에 당신이 카페를 오픈하고 싶다면 얼마가 적정한지 정확하게 따져보고 줄 비용은 주고, 줄일 수 있는 비용은 줄여야 한다.

수백 건의 상담 전화와 입지 검토 및 선정을 진행하며 권리금 이야기를 많이 듣고 알게 되었다. 권리금이 전혀 없는 곳부터, 수천만 원의 권리금이 있는 곳도 알게 되었다. 당연히 권리금이 있는 곳이라면 그만큼 입지적 장점이 존재하는 곳일 확률이 높다. 그렇다면 권리금은 어떤 입지에 얼마나 정도가 적절할까? 정답은 없다. 그러나 접근 방법은 있다.

권리금은 크게 2가지 항목으로 나뉜다. 바닥권리금과 시설권리금이다. 사실 권리금이란 항목을 세부적으로 나누어보자면, 더욱 여러 가지지만 2가지 경우에서 웬만하면 모든 권리금은 마무리된다. 추가로 반드시 꼭 알아야 할 사실이 있다면 권리금은 당신과 기존 임차인 사이에서 마무리되는 계약이므로 당신 또한 카페를 운영하다 나오면 그다음 세입자에게 청구하고 받을 수 있는 돈이다.

만약 당신이 가게를 잘 운영하다가 계약이 만료되는 시점에 건물주가 직접 가게를 운영하게 된다면 당신이 지급한 권리금을 건물주에게 청구하거나 받을 수 없다. 이런 예는 없기를 바라며 권리금이 얼마가 적당한지 실질적인 사례를 통해서 설명해보겠다.

1. 개인 카페 또는 프랜차이즈 카페가 매물로 나온 경우

매물로 나온 카페가 '망해서' 나온 경우로 한정 지어서 말해보자. 장사가 잘 되어 누군가에게 카페를 양도 양수하는 경우가 아니라, 본인의 카페가 망해서 나오는 경우다. 시설비 및 인테리어 투자 비용이 있다 보니 권리금 명목으로 금액을 받고 싶은 상황에 해당한다. 너무나 많다.

〈아프니까 사장이다〉 같은 인터넷카페에 들어가서 확인해봐도 매일 수십 개의 카페 및 자영업 가게들이 망해서 권리금만 받고 가게 전체를 넘기는 경우가 많다. 업종에 대한 특이성이 있으므로 카페만 한정해서 말하자면 시설권리금으로 줄 수 있는 최대치는 2,000만 원 정도다. 혹시 당신이 카페를 운영하다가 망해서 권리금을 조금이라도 받고 넘기려고 하는데, 2,000만 원이라니 너무 싸다고 생각한다면 미안하다. 하지만 현실이 그러하다.

2,000만 원 정도면 10~15평 정도 규모의 꽤 괜찮은 인테리어(당신이 인수한다면 부분 리모델링만 하면 될 정도)에 기존 카페 집기 및 주방 집기들을 모두 인수하는 조건이다. 바닥권리금은 상권에 따라 다르므로 주변 부동산 사무실, 주변 카페 등의 기존 세입자에게 조심스럽더라도 물어봐야 한다. 존재하지도 않는

바닥권리금을 요구하는 기존 임차인들이 있을 수 있다.

안타깝지만 가게가 잘되어 팔리면 수억 원, 잘되지 않아서 매물로 나오면 1,000만 원도 받기 힘든 것이 자영업의 현실이다. 누군가의 실패가 누군가에게 기회가 되는 것이 권리금도 예외는 아니다.

2. 기존 자리가 '카페'가 아닌 경우

시설권리금은 존재하지 않는다. 기존 자리가 카페가 아니기 때문에 당신이 지불하고 갖고올 수 있는 주방 집기도, 카페 집기류도 없다. 당연히 시설권리금을 지불할 필요가 없다. 단, 바닥권리금은 앞의 사례와 같이 예외에 해당한다. 사실 바닥권리금은 조금 위험한 비용에 해당한다. 주변에 지하철역, 확실한 오피스 단지가 아니라면 상권은 언제든 변동성을 보이기 때문이다.

강남역세권 기준으로도 바닥권리금은 2,000~3,000만 원 정도에 형성되어 있는 것을 확인했고, 여의도 초역세권의 경우에만 바닥권리금이 5,000만 원 정도에 거래되고 있다.

그런데도 여전히 바닥권리금으로만 억 단위 금액을 요청하는 몇몇 기존 임차인들 또한 있다. 그러나 반드시 조심하고 확인해야 한다. 권리금이란 기존 임차인과의 거래하는 것이다. 그러니, 바닥권리금이 수천만 원인 곳에 '카페'라는 업종에서 벌어들이는 영업 이익상 손익 분기를 넘기는 시간이 다소 오래 걸릴 수 있다는 점이다. 최대한 권리금 없이 당신의 카페 자리를 찾기를 바란다. 권리금이 없어도 충분히 좋은 입지가 많고, 많다.

손해 안 보는
인테리어 업체 선정법

카페 오픈을 준비하면서 가장 큰 비용이 지출되는 항목은 총 3가지로 볼 수 있다. 보증금, 집기류, 인테리어다. 보증금은 묶이는 돈이니 지출이라고 보기는 힘들다. 집기류도 당신이 카페를 할 생각이라면 당연한 투자다. 몇 번의 비교 견적이나, 중고 구매를 통해서 예산에 대한 절약도 가능하다. 온라인에 워낙 많은 정보가 있다 보니 조금만 찾아보면 주방 및 커피 집기류들의 가격을 투명하게 알 수 있다.

그러나 인테리어는 예외다. 당신이 알 수 없다. 수많은 인테리어 상세 항목에 대해 꼼꼼히 당신이 알 수 있을 것이라는 생각은 버려라. 당신이 아는 업체를 쓴다고 저렴하게 잘할 것 같은가? 그것도 아니다. 아는 업체를 쓸 것이라면 정당한 비용을 더 줘야 한다. 물론, 당신의 친인척이나 친구 또는 정말 가까운 지인이 인테리어 사업을 하고 있거나 관련된 도움을 줄 수 있다면 가장 좋다. 그렇지 않다면 인테리어 업체 선정할 때 유념해야 할 것을 알려주겠다. 이렇게 3가지 접근만 지킨다면 당신이 손해 보는 일은 피할 수 있다.

1. 자체 시공 능력 유무

인테리어 업체 중 많은 업체가 '인테리어 디자인'만 한다. 당신이 하려고 하는 카페가 대형 매장이 아니라면, 아니 대형 매장이더라도 인테리어 업체의 자체 시공 능력을 파악하는 것이 너무나 중요하다. 목공, 철거, 전기, 등 인테리어 업체에서 자체 시공이 가능한 팀 또는 인력을 보유하고 있는지를 물어보라. 없다면 인테리어 업체 또한 모두 시공 업체를 선정해 일을 위임해야 하고, 그만큼의 비용이 당신에게 청구된다.

다르게 접근하자면 당신이 인테리어 디자인을 전문 업체에 맡기고 필요한 모든 시공 업체를 직접 선정한다면 그만큼의 비용을 절약할 수 있다는 뜻이기도 하다. 당신이 아는 만큼 절약되고, 움직이는 만큼 비용은 절감된다.

2. 대금 집행 기준

100% 선지급 조건이라면 계약을 파기하라. 그런 조건으로 인테리어는 진행할 수 없다. 50%, 50%로 대금 지급이 가능한 곳 이왕이면 30%, 30%, 40%라면 더 좋다. 대금 집행 기준의 여유가 있는 곳이라면 다수의 시공을 담당하거나 현금 흐름이 원활한 업체여서 당신 카페의 인테리어를 담당할 때 무리 없이 진행할 수 있다.

또한, 대금 지급 조건을 분할로 하는 것은 일종의 안전장치 역할을 하기도 한다. 카페 인테리어 시공에 문제가 생겼을 경우 이미 지급한 돈은 돌려받을 수 없으나, 대금 조건상 아직 남은 잔금이 있으므로 빠른 시정 요청이 가능하다. 인테리어 업체도 수용적인 태도로 나올 확률이 높다.

3. 사업경력 및 사업자 주소지 확인

생각보다 인테리어 업체도 1인 사업자가 많다. 사업자 주소지만 등록해놓고 여러 시공 현장을 돌아다니며 관리 감독만 하는 경우다. 당신이 특히나 개인 카페를 한다면 이런 인테리어 업체는 지양해야 한다. 어떤 일이 생겼을 때 책임질 수 없고 사업자 주소에 실제 사무실이 없는 경우도 많다. 업력이 짧다면 사업자 주소에 실제 사무실이 있는지를 확인해야 하고, 업력이 길어도 실제 사업자 주소에 사무실이 없다면 신중히 의심해볼 필요가 있다.

사실 상기 3가지를 확인했어도 실제 인테리어는 현장에서 너무나 많은 일이 발생한다. 인테리어 도면 그대로 진행되는 경우도 드물고, 현장에서는 끝없이 확인해달라고 요청이 올 것이다. 매장을 오픈하기도 전인데 신경 쓸 것이 많고, 인테리어가 끝나고 나면 왠지 아쉬운 곳도 눈에 띄기 마련이다. 그래서 기타 체크리스트로 다음과 같은 것들을 확인해야 한다. 인테리어 계약 시 유지보수 기간, 인테리어 시공공정표, 하자이행보증보험 가입 유무 등을 꼼꼼히 확인해봐야 한다. 당신의 매장 인테리어가 무탈하게 마무리되기를 바란다.

인테리어 업체 선정 시 확인할 것
- 자체 시공 능력의 유무
- 대금 집행 기준
- 업력 및 사업자 주소지와 실제 사무실 확인
- 체크리스트 작성 후 확인(유지보수 기간, 인테리어 시공공정표, 하자이행보
  증보험)

주방 집기,
너무나 생소한 제품들

카페 오픈과 동시에 고민하게 되는 것들, 당신이 프랜차이즈 카페라면 한 번에 해결되고 개인 카페라면 발품 팔며 알아봐야 할 항목은 바로 주방 집기다. 수십만 원에서 수백만 원에 이르기까지 그 비용이 너무나 다양하고, 당신이 구매하는 비용이 최저가이길 바라는 주방 집기. 이제 제대로 알아보자.

카페의 집기류는 크게 2가지로 구분할 수 있다. 주방 집기류, 커피 및 기타 집기류. 주방 집기류는 보통 냉장, 냉동, 보관을 위해 쓰이는 모든 집기류다. 주로 테이블 냉장고, 테이블 냉동고, 45박스 냉동고, 쇼케이스, 스탠딩 냉장고 등이 여기에 해당한다.

커피 기타 집기류는 커피 및 디저트 제조를 위해 쓰이는 모든 제품이다. 커피머신, 글라인더, 자동템핑기, 블렌더, 오븐, 전자레인지, 와플머신, 제빙기 등이 있다.

매장의 크기와 콘셉트, 그리고 매출 규모에 따라서 써야 하는 집기류의 종류와 크기가 달라지니 어떤 제품이 좋고, 어떤 제품을 써야만 한다는 전제 조건은 없다. 단, 당신도 나도 이런 생각은 공유하고 있다. 합리적인 비용으로 구매하고 싶다는 것이다. 프랜차이즈 본사를 운영한 경험으로 단언컨대 내가 당신보다 더 저렴하게 당신이 구매하는 모든 물품을 구매할 수 있다.

내가 알려줄 수 있는 주방 집기 및 커피 집기류의 구매 방법은 접근 방법일 뿐, 이 또한 '최저가'는 아니다. 만약 당신이 내가 알려준 대로 주방 집기들의 견적을 받아보고 그 견적이 충분히 합리적인 견적인지 궁금하거나, 더 최저가로 찾아보고 싶다면 가감 없이 나의 이메일(jinsu6778@naver.com)로 보내라. 검토해주고, 더 저렴하게 구할 수 있는지 내가 아는 업체에도 같이 물어봐주겠다.

첫째, 네이버 및 구글 상위 노출 업체에(상위 5위 내) **집기류 견적을 받아보라.**

아이러니하게도 더 많은 광고비를 지불하고 상위에 노출해서 당신에게 물품을 제공할 수 있는 업체는 그만큼 규모의 경제를 만들어내는 업체다. 당신 뿐만 아니라 수많은 거래 업체를 보유하고 있기 때문에 5곳 정도의 비교 견적을 받아보면 당신이 필요한 모든 집기류의 정가를 알 수 있다. 몇몇 제품들은 특정 업체가 저렴하고, 커피 집기류도 업체별로 품목별 가격이 상이하다. 5곳 정도의 견적을 받으면 저렴한 품목의 리스트 조합을 만들어낼 수 있다.

둘째, 비교 견적을 받은 곳의 단가를 통해 당신이 필요한 품목의 1개 견적서를 만들어라.

5곳 정도의 비교 견적 후, 당신이 필요한 집기류들만 1개의 견적서로 만들어라. 당신이 만들어야 한다. 견적서까지 만들 여력이 없다면, 필요한 품목들을 체크하고 견적을 제공한 업체 담당자들에게 납품 단가를 맞추어줄 수 있는지 확인하라. 5곳 정도면 반드시 1곳은 된다.

셋째, 거래는 1곳으로 통일하는 것이 낫다.

10만 원 아끼자고 2~3곳 이상에서 집기류들을 거래하는 경우 설치 날짜 및 시간 조정, 향후 애프터서비스(After Service, 이하 A/S)와 소통에 문제가 발생할 수 있다. 주방 집기류는 1곳, 커피 집기류도 1곳으로 통일해서 제품을 구입하라. 똑똑한 바보처럼 굴지 말아야 한다. 가맹점을 오픈하는 경우라면 담당 슈퍼바이저와 커피 및 주방 집기류 설치업체의 담당자 연락처를 반드시 확보하고 향후 A/S 및 소통에 신경 써야 한다.

그런데도 잘 모르겠다면. 당신의 카페에 필요한 품목이 무엇인지, 견적은 잘 받은 것인지 막막하다면 도움을 요청해도 좋다. 단, 찾아보려는 노력은 다하고 연락하라.

배달대행 업체
선정은 이렇게!

　배달대행 업체를 쓰고 있거나, 배달대행업에 종사하고 있다면 불편하겠지만 솔직한 이야기를 해보려 한다. 우선 창업을 준비하고 있는 단계여서 배달대행 업체에 대한 개념이 없는 사장님들이 있을 수 있으므로 배달대행 업체에 대한 간단한 개념을 정리해 알려주겠다.

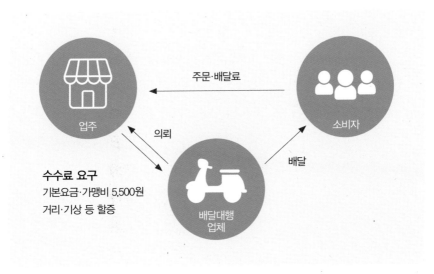

배달대행업 거래 구조

출처 : 저자 작성

배달대행 업체는 점주로부터 돈을 받고, 소비자는 배달 플랫폼에 배달료를 지불한다. 통상 배달료는 점주와 소비자가 50%씩 지불하는 것이 업계 평균이다. 배달료와 플랫폼 수수료에 대한 부담이 커짐에 따라 메뉴 가격에 배달료를 반영하는 점주들도 있고, 배달하지 않는 점주들도 있다. 하지만 이제 배달은 선택이 아닌 필수다. 배달하면서도, 영업이익이 남는 구조를 만드는 것이 점주의 역할이지 배달을 포기하는 것이 능사는 아니라는 뜻이다.

그렇기에 배달료에 대한 상세한 설정은 중요하다. 소비자 입장에서는 부담이 되지 않게, 점주는 충분히 합리적인 배달료를 대행사에 지불할 수 있게 첫 단추를 잘 끼워야 한다. 일부 비양심적인 배달대행 업체들이 업계 평균보다 높은 배달료를 요청하고, 기본 관리비를 요구하며, 질 낮은 배달 서비스를 제공해 그에 대한 손실은 점주가 지고 있어서 이 장에서는 배달 업체 선정에 있어서 반드시 확인해야 할 체크리스트를 알려주고자 한다.

배달대행 업체는 매장을 오픈할 당시 선정하고, 추후 매장을 운영하면서도 충분히 다른 업체로 변경할 수 있다. 그럴 때 더 좋은 조건을 제시하는 배달대행 업체로 변경하는 것은 철새 같은 마인드가 아니다. 더 좋은 배달 조건을 제시하는 업체를 이용함으로써 아낀 비용을 소비자에게 돌려줄 수 있고, 배달료를 할인할 수 있으며, 더 많은 배달을 만들어낼 수 있다. 결국 모두가 양보해야 모두가 이득을 보는 구조를 가져갈 수 있으므로 배달대행 업체 선정은 그만큼 중요하다. 조건에 따라 움직여도 되는 것이 배달대행 업체 선정이라는 것을 잊지 마라.

이제 배달대행 업체를 선정할 때 반드시 물어야 할 것을 알려주겠다. 서울 및 경기권이라면, 생각대로, 바로고, 부릉 등 3사 배달 업체를 가장 먼저 알아 보길 바라며 체크리스트를 알려주겠다.

기본 배달거리와 기본 배달료

서울 및 경기, 지방 지역 모두 기본 배달거리와 기본 배달료가 다르다. 서울의 경우 1.3~1.5km 기본 배달거리에, 기본 배달료는 3,800~4,300원 사이인 경우가 많다. 이 또한 지역마다 상이하므로 반드시 기본 배달거리와 기본 배달료를 확인하라. 특정 경기도 지역의 경우 기본 배달거리가 3km에 4,000원 인 경우도 있다.

할증 구간 및 금액

기본 배달거리를 넘어설 때 할증이 어떻게 발생하는지를 체크하라. 100m당 100원인지, 300m당 500원인지, 동(신월1동, 신월2동)이 바뀔 때마다 500원이 인상하는지 등 거리에 따른 할증 금액을 확인하라.

할증 조건

배달 할증은 다양한 조건이 발생한다. 기상이 악화될 경우(비나 눈이 올 때), 단체 주문, 주말 및 공휴일, 야간, 음료의 부피나 잔 수가 많을 때 등 정말 다양한 조건에서 할증이 발생한다. 기상 악화 할증에 야간, 단체 주문 할증까지 겹친다면 배달료는 얼마가 될까? 이런 상세한 경우의 수에도 어떤 금액과 조건으로 할증 비용이 발생하는지 확인하라.

관리비

이 글을 쓰는 것조차 배달대행 업체에서 상당히 싫어할 만한 대목이지만 어쩔 수 없다. 점주가 살고 가게가 살아야 배달대행 업체도 같이 공존할 수 있다. 배달대행 업체는 통상적으로 기본 관리비를 요구할 수가 있다. 적게는 월 5만 원, 많게는 월 몇십만 원까지도 요청한다(사실 몇십만 원을 요청하거나, 이 정도 금액에 배달대행 업체를 사용하고 있는 경우. 그 업체와 일하지 말라. 당신을 존중하지 않는 업체다).

물론, 관리비가 발생하는 경우가 있다. 배달기사의 실수로 인해 배달료를 점주에게 환불해주는 경우, 배달금액을 충전해놓지 않았는데 야간에 배달료가 없어서 배달 업체에서 선배달 후 청구하는 경우다. 그러나 그런데도 배달 명목으로 관리비 월 5만 원 이상을 넘는 경우는 과하다.

기타 사항

배달 및 배차 속도, 소속 라이더 인원수, 야간 배달 가능 인원, 야간 배달 가능 어부, 배딜 라이더들의 평균 나이대 등도 체크하라. 누군가에게는 생업이고, 누군가에게는 아르바이트생인 곳이 배달업이다. 업으로 삼는 사람이 많은 곳이 당연히 충실한 서비스를 제공할 수밖에 없다.

돈,
이렇게 쓰자

카페를 하든, 어떤 장사를 하든 돈을 써야 돈이 벌린다. 정확하게는 투자를 해야, 투자에 상응하는 매출이 따라온다. 그렇다면 이 돈을 어떻게 써야 할까에 대한 이야기를 잠시 해보려고 한다. 여러 상황이 있겠지만 하나의 원칙에 의해서 돈을 쓰는 관점을 갖고 있으면, 카페를 운영하며 돈을 써야 하는 여러 상황에 적용해볼 수 있다.

투자인가 비용인가. 지금인가 미래인가. 이렇게 2가지의 관점을 갖고 있어야 한다. 카페를 하며 무슨 투자인가라는 의문이 들겠지만, 예를 들어보겠다. 당신이 운영하는 카페가 점심 피크타임에 고객들이 너무 몰린 나머지 100kg 제빙기로는 얼음이 감당이 안 되어서 200kg 또는 최대 500kg 용량의 제빙기를 써야 하는 상황이 왔다. 이때 당신은 여러 선택지를 고려해볼 수 있다.

① 여름 시즌이라 잠시 고객이 몰리는 것이니 추가 제빙기를 구매하는 것은 옳지 않다. 월별로 얼음을 사서 쓰자.
② 100kg급 제빙기를 추가로 구매하자.

③ 기존 100kg 제빙기를 판매하고, 200kg급으로 교체하자.

무엇을 선택하든 돈을 써야만 한다. 이때 돈을 쓰는 관점을 현재 시점의 '비용'을 줄이는 선택을 할지 '투자'를 통해 좀 더 많은 가치를 고객에게 제공하는 것을 선택할지가 당신이 생각해야 할 문제다.

즉, 돈을 쓰는 문제는 이렇게 바뀐다.

① 현재의 비용을 줄이며, 미래의 비용도 줄일 수 있는 투자
② 현재의 비용을 줄이나, 미래의 비용을 줄일 수 없는 비용
③ 현재는 비용이 발생하나, 미래의 비용을 줄일 수 있는 투자
④ 현재의 비용도 발생하고, 미래의 비용도 줄일 수 없는 비용

즉, 회수할 수 있고 더 많은 가치를 창출할 수 있다면 투자다. 단지 돈을 쓰기만 하고 미래의 비용을 줄일 수도 없다면 그것은 그냥 비용일 뿐이다.

비용이면 줄여야 하고, 투자라면 적절한지를 검토해야 한다. 카페를 운영하며 생각 없이 발생하는 소모품과 잡비용을 줄여야 순영업이익이 증가하므로 이런 생각의 프레임을 갖고 있으면 상당한 도움이 된다.

다시 제빙기 문제로 돌아가보자. 당신은 어떤 선택을 하는 것이 옳을까? 여러 제반 요건이 있겠지만 나라면 기존 100kg 제빙기를 중고로 판매하고, 200kg 제빙기로 용량을 업그레이드하는 선택을 하겠다. 이왕이면 점심 피크 타임에 고객이 몰린다는 것을 아니까 주문 결제를 더 간편하게 하려고 키오스크를 추가 설치해 시간당 주문금액을 늘릴 수도 있겠다. 아이스빈(얼음을 보관할

수 있는 **설치형 이동보관함**)을 설치해 상시 얼음을 쉽게 쓸 수 있게 커피머신 옆에 둘 수도 있겠다.

제빙기뿐만 아니라 인테리어, 키오스크, 인건비, 소모품, 좌석, 간판, 어닝, 포스터 등 카페를 운영하다 보면 생각보다 갑작스러운 비용의 지출이 늘어나는 경우가 많다.

이럴 때 4가지를 떠올려라. 비용인가, 투자인가. 지금인가, 미래인가. 투자는 돌아오고, 비용은 지출된다. 비용은 줄이고, 투자는 적절한지 살펴라. 그것이 현재에 관점에서인지 미래의 관점에서인지도 생각하라. 작은 카페든 큰 카페든 규모보다 원칙이 중요하다.

Part 3

유지

월 매출 1,000만 원이 넘어가면 알아야 할 10가지

유지 : 어떤 상태나 상황을 그대로 보존하거나 변함없이 계속해 지탱함.

우리 가게의
'키워드'는 무엇인가?

당신 가게의 키워드는 무엇인가? 어렵게 생각할 것 없다. 키워드는 고객들이 당신 가게를 찾아오기 위해서 검색하는 특정 단어다. 당신 가게를 찾아오려는 고객들은 '어디서', '무엇을' 보거나 검색해서 찾아오는가?

이 키워드는 우리 가게를 찾는 사람들이 헤매지 않도록 안내하는 친절한 이정표다. 당신의 가게가 길을 걷다 발견해서 우연히 입장하는 가게가 되지 말아야 한다. 고객방문을 운에 기대어 장사하는 것은 프로가 아니다. 고객도 찾아오게 만들어야 한다. 반드시 고객이 찾아올 수 있는 이정표를 오프라인이 아닌 온라인에 제공하고 있어야 한다. 어렵게 생각하지는 않아도 된다. 카페홈즈를 예시로 설명해주겠다.

카페홈즈의 메인 키워드는 쿠키였다. 쿠키는 '디저트' 카테고리에 속해 있다. 그리고 소비자들은 디저트 카페를 가장 많이 검색한다. 본인이 놀러 가고 싶은 지역, 찾아가는 지역이 정해지면 지역+디저트 카페를 검색한다. 디저트 카페가 서울 용산에 있다면 용산 디저트 카페가 키워드가 된다. 카페홈즈는 서울 강서구에 있고, 더 좁은 지역으로는 마곡, 발산역 부근에 있다. 그렇다면 소비자들이 검색하는 마곡 디저트 카페 혹은 발산 디저트 카페에 카페홈즈를 노출시키면 '찾아오는' 고객을 만들 수 있었다. 그래서 그렇게 했다. 고객이 찾아왔고, 매출이 늘었고, 단골이 생겼고, 리뷰가 늘었다.

정리하자면 이렇다. 당신이 운영하는 '가게의 지역 + 당신 가게에서 가장 인기 있는 메뉴가 속해 있는 카테고리 + 당신의 업종'이 바로 키워드다. 이렇게 조합된 키워드를 고객들이 가장 많이 찾는 매체에 노출시키면 된다. 축하한다. 당신은 이제 매일 새로운 고객을 당신 가게로 안내하는 영업사원을 한 명 만들었다.

카페가 아닌 다른 가게도 얼마든지 예시를 들 수 있다. 당신이 삼겹살 가게를 운영하고 있다면 삼겹살 가게가 있는 위치에 삼겹살을 먹는 상황이나 당신 매장 삼겹살만의 특징중 가장 대중적인 키워드를 찾아서 더해라. 김치삼겹살이 될 수도 있고, 회식하기 좋은 삼겹살 가게, 데이트하기 좋은 삼겹살 가게, 솥뚜껑 삼겹살 가게가 될 수도 있다. 어떤 업종이든 이런 키워드를 만들어야 고객들에게 당신 가게를 직관적으로 이해시킬 수 있고, 찾아가고 싶게 만들 수 있다.

키워드를 찾았으면 이제 당신 고객이 모여 있을 온라인 공간을 찾아라. 인스타그램에 방금 내가 알려준 방법으로 릴스를 찍어서 올리고, 게시글을 올려라. 네이버 플레이스에 알려준 키워드를 기반으로 모든 설명을 추가하라. 유튜브 숏츠와 틱톡을 운영할 수 있다면, 방금 알려준 키워드를 기반으로 당신의 가게를 찍어서 올려라.

고객들이 모여 있는 공간에(인스타그램, 유튜브, 네이버 등) 당신 가게의 키워드를 선정해서 노출을 시작해라.

어떻게 해야 하는지 궁금하다면 이 책에서 추가로 친절하게 알려주고 있으니 따라 하자. 그래도 모르겠다면 연락하라. 같이 당신 가게의 키워드를 찾고 마케팅을 도와주고 알려주겠다. 나에게 연락할 행동력과 용기 그리고 간절함이 있다면 아마 내가 알려준 대로 행동할 것이다. 그렇게 믿고 나도 기쁜 마음으로 당신에게 당신 매장만의 키워드를 찾고 알려주겠다.

'손' 많이 가는 카페?
카페에서 떡볶이 좀 팔지 마라

하지 말아야 할 카페가 있다. '손' 많이 가는 카페다. 프랜차이즈든 개인 카페든 같다. 아니, 어떤 업종이든 같다. 손이 많이 간다는 것은 당신 스스로 해야 할 업무 단위가 너무 많다는 뜻이고, 매출이든 규모든 확장성에 한계가 있다는 뜻이다.

예를 들어보겠다. 50만 원어치의 단체 주문이 들어왔다. 카페홈즈는 50만 원어치의 단체 주문이 쿠키 50세트인 경우도 왕왕 있다. 쿠키 패키지 1개에 쿠키 3개를 소분해서 넣으면 끝이다. 그렇게 50개만 만들면 되기에 사실 10분 정도면 된다. 50만 원어치의 주문을 10분이면 끝낼 수 있다는 뜻이다. 그러나 특정 프랜차이즈 카페 또는 개인 카페에서는 떡볶이, 만쥬, 샌드위치, 죽도 판다.

50만 원어치의 떡볶이와 음료가 들어오면 어떡할 것인가? 떡도 소분해야 하고, 소스도 부어야 하고, 조리도 해야 한다. 이 과정을 50번 해야 한다. 음료는 당연히 또 따로니까 별개다.

샌드위치는 어떠한가? 완제품 형태로 공급받는 것이 아니라면 빵, 토마토,

채소, 햄, 치즈 등으로 만들어야 한다. 물론 맛도 좋고 양도 풍성하고 당신이 엄선한 신선한 재료로만 만드니 훌륭한 메뉴임은 맞다. 또한 때때로 단체 주문이 들어오는 메뉴라는 특성상 매출 기여도도 높을 것이다.

그러나 매일 신선한 채소를 주문해야 하고, 소분해야 하고, 단체 주문이 들어오면 시간 가는 줄 모르고 만들어야 하며, 그 단체 주문을 만드는 동안 들어오는 다른 주문은 제대로 신경 쓸 수 없으며, 매출 규모는 한계 곡선을 그릴 것이다. 이는 자명한 사실이다.

당신 매장에 히트 메뉴가 샌드위치라면 축복인 동시에 위기다. 매출 성장에 한계점을 찍고 가게를 운영하는 것과 같다. 그러니 프랜차이즈를 하려고 한다면 본사의 핵심 메뉴나 디저트의 제조 매뉴얼을 꼼꼼히 살펴봐야 한다. 떡볶이가 잘 나가는 카페 프랜차이즈라면 거들떠볼 필요도 없고, 샌드위치가 메인이라면 씨브웨이와 경쟁할 수 있는지, 손은 많이 가지 않는지를 살펴봐야 한다는 말이다.

개인 카페라면 이런 메뉴적 특성상 당신이 감내할 수 있는지를 살펴봐라. 잠시 매출의 증가를 만들어내기 위해 취급한 메뉴가 당신의 성장 발목을 잡을 수 있다는 뜻이다. '식사부터 디저트까지 해결할 수 있는 다양한 메뉴 구성!'을 슬로건으로 영업하는 여러 카페 프랜차이즈들이 있다.

쓴소리하자면 그런 곳은 하지 말아라. 어떤 메뉴든 자신이 없으니 이것저것 다 팔 뿐이다. 디저트를 다양하게 취급하면 디저트 전문점이다. 하지만 식사 메뉴부터 디저트까지 다 취급하면 그건 푸드코트나 뷔페지 카페가 아니다.

개인 카페라면 과감히 프랜차이즈가 취급하지 않는 메뉴를 손이 많이 가더라도 매출을 위해서 선택하거나, 그 메뉴를 손이 최대한 덜 가게 제조 매뉴얼을 당신이 새로 만들어야 한다.

이겨도 지는 싸움이 손 많이 가는 카페다. 돈을 벌고 건강을 잃는다. 손은 많이 가고 바쁜데 매출은 한계가 정해진다. 카페에서 떡볶이 냄새가 나고, 야채 손질하느라 바쁘다면 잠시 멈추어라. 방향을 점검하라. 단순하게 바쁜 것과 복잡하게 바삐 움직이는 것은 다르다는 사실을 명심하라. 손이 덜 가고, 결제는 자주 일어나야 한다. 손이 많이 가고, 결제는 적게 일어나서는 안 된다.

데이터 분석만큼
쉬운 일은 없다

매출이 높아도 실제로 돈이 벌리고 있는지를 파악하려면 꼼꼼한 데이터 관리는 필수다. 데이터 관리라는 말이 어렵게 느껴진다면 사칙연산이란 말은 어떠한가. 쉽게 생각하고 접근해라. 재고, 객단가, 영업이익, 배달 매출 관리, 수수료, 인건비 등이 모든 게 데이터다. 그러나 모든 영역에 대한 데이터 교육은 그 양이 많고 글을 쓸 용지는 한정되어 있으니 특정 데이터에 대한 분석과 접근을 같이 해보겠다.

당신의 카페가 월 매출 1,000만 원이 넘어가면 이제는 비용을 줄일 수 있는 부분이 있는지, 매출을 더 높일 수 있는 객단가 구성이 있는지를 꼼꼼히 살펴볼 차례다. 한 파트에 대한 접근방식을 통해 당신이 다루어야 할 모든 수치를 꼼꼼히 살펴볼 수 있기를 바라며 이 장에서는 배달의민족 웹 사이트에서 3가지 데이터를 확인해보겠다. 중요한 것은 데이터를 분석해서 특정 인사이트(깨달음)를 얻고, 당신의 매장에 적용해서 실제로 매출을 늘리고 영업이익을 더 만들어 내는 것이라는 사실이다. 데이터 분석의 본질이 무엇인지 잊지 말고, 분석에만 그치지 말 것을 당부한다.

1. 객단가 데이터

배달의민족 사장님 광장 주문내역 탭 〉 날짜 지정(통상 주간/월간/15일 정도의 기간을 선택해 비교)

날짜를 주간, 15일, 월간 단위로 체크한 후 조회를 클릭하면 전체 주문 건수와 결제 금액을 확인할 수 있다. '객단가 = 전체 주문금액/주문 건수'로 계산한다. 해당 매장의 객단가는 17,551원이다. 당신이라면 객단가를 파악한 후 어떤 행동을 적용해볼 수 있을까? 매출을 올리는 것이 목적이라면 나의 경우 20,000원에 1,500원 쿠폰을 설정해보겠다. 객단가가 17,000원대에 머물러 있으므로 메뉴 1개 정도를 추가할 경우 쿠폰을 적용받을 수 있게끔 행동을 유도하는 장치를 마련하는 것이다.

또는 17,000원 정도의 음료와 디저트 세트를 구성해보는 것도 대안이 될수 있다. 구성된 세트는 영업이익이 많이 발생하면서 소비자들이 자주 시키는 음료와 디저트의 구성으로 만들어낼 수 있다. 객단가에 맞는 주문 구성을 만들어 고객들은 주문을 고민 없이 할 수 있게 하고, 당신의 매장에 영업이익은 더 많이 남게 할 수 있다.

2. 클릭률과 주문율 데이터

배달의민족 통계 탭에서 기본으로 뜨는 화면을 통해 확인한다.

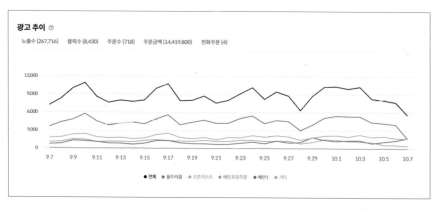

출처 배달의민족

5개의 데이터를 바로 확인할 수 있다. 노출 수, 클릭 수, 주문 수, 주문금액, 전화주문이다. 당신이 눈여겨봐야 할 데이터는 노출 수 클릭 수, 주문 수다. 이 3가지 데이터를 통해 핵심적인 2가지 수치를 구할 수 있다. 클릭률과 주문율이다. 생각해보자 100번 노출이 되는데 20명이 들어온다면? 당신이 오프라인 매장을 운영하는데 100명이 지나가다가 20명이 들어온다는 뜻이다. 엄청난 수치가 아닌가? 이것이 클릭률이다. 쉽게 입장률이라고 표현하겠다.

주문율은 무엇일까? 100명이 지나가다 20명이 가게로 들어왔다. 그 20명 중 10명이 주문한다면? 주문율이다. 50%가 넘는 수치다. 어디까지나 예시로 접근하는 이상적인 수치이므로 입장률과 주문율이 몇 퍼센트는 나와야 한다, 같은 것은 없다. 중요한 것은 전월 대비, 기존 대비 높일 수 있는 방안을 생각하고 적용하는 것이다.

이제 예시 이미지를 통해서 살펴보자. 노출은 325,451번 되었다. 클릭은 10,078번 되었다. 직관적인 예시를 들자면 한 달간 325,451명이 가게 옆을 지나갔고 그중에 10,078명이 가게를 들어와 본 셈이다. 즉, 입장률은 '10,078/(325,451/100) = 3%' 정도인 것이다. 100명 중 3명 정도는 우리 가게를 배달의민족에서 클릭한다는 뜻이다.

이제 주문율을 살펴보자. 주문 수가 787건이다. 10,078명 중 787명이 주문했다. 787/(10,078/100) = 7.3% 정도다. 당신 매장의 입장률은 3%, 주문율은 7,3%다. 이제 할 일이 명료해졌다.

① 노출을 늘려본다. 클릭률이 유지되는지 확인한다.
② 클릭률을 높이기 위한 행동을 한다.
③ 주문율을 높이기 위한 행동을 한다.

이렇게 실천하기 위한 방법에는 무엇이 있을까?

① 노출을 늘리는 것은 배달의민족(이하 배민)의 새로운 광고, 새로운 영역의 입점, 깃발의 추가, 신메뉴 추가(검색하는 소비자를 대상으로 노출을 늘리기 위해서) 등의 행동을 할 수 있다.
② 클릭률을 높이기 위해서는 배민 앱에서 외부로 보이는 설정을 변경해 볼 수 있다. 최소 주문금액을 낮춰보거나, 바로 적용 쿠폰을 적용하거

나, 배달 앱 세팅을 모두 올바르게 적용해 기본적으로 상위 노출될 수 있게끔 구조를 바꾸고, 또는 노출되는 로고 이미지를 바꿔보거나, 배달 팁을 낮춰보거나 등으로 변경해보는 것이다. 소비자 입장에서 '클릭'해 보고 싶게 바꿔야 한다.

③ 주문율을 높이기 위해서는 할 말이 너무 많다. 대표 메뉴를 바꾸거나, 사장님 공지를 소비자에게 혜택이 되도록 변경하거나, 메인 이미지를 변경하거나, 바로 적용 쿠폰을 추가할 수 있다. 리뷰 이벤트를 진행하거나, 프로모션을 진행하거나, 메뉴 이미지를 변경하거나 등도 실행해 볼 수 있다. 소비자의 눈으로 당신의 매장에 들어왔을 때 모든 메뉴가 담고 싶어질 정도로 매력적이게, 혜택이 직관적으로 보이게끔 변경해 볼 수 있다.

3. 통계 탭

배민 앱 좌측 통계 탭에서 확인할 수 있다.

출처 : 배달의민족

2개의 핵심적인 데이터 확인이 가능하다. 인기 배달지역과 인기메뉴. 물론 배달지역은 당신 매장 근처, 그리고 광고가 진행되고 있는 지역에서 주문이 몰릴 수 있긴 하지만 당신이 놓치고 있던 상권을 발견할 수 있다.

이 탭에서 가장 중요한 것은 인기메뉴다. 당신의 매장에서 가장 자주 배달되는 메뉴는 무엇인가? 인기메뉴를 파악했다면 객단가를 높일 세트 구성을 만들 수도 있고, 주문율을 높이기 위한 새로운 메뉴의 조합을 만들어 볼 수 있다. 인기메뉴만 묶어서 할인을 제공할 수도 있다. 주문 건마다 모든 메뉴를 확인할 필요 없이 통계 탭에서는 당신에게 바로 정답을 알려주고 있으니 당신의 매장에 인기메뉴를 고객들에게 적극적으로 더 알려라. 더 많이 팔고, 더 많이 벌어라.

배민이 높은 수수료, 광고, 배민1의 배달팁 등 이런저런 수수료 명목으로 점주들의 불만을 사고 있는 것을 안다. 울며 겨자 먹기로 쓰는 점주들도 많다. 그러나 당신이 배민을 '이용'한다면 철저하게 이용해라. 제공하는 모든 데이터를 확인하고 올바른 의사결정의 나침반으로 삼는다면 상생하는 구조를 만들 수 있다. 데이터 분석만큼 쉬운 것이 없고, 데이터 분석만큼 당신에게 바로 도움이 되는 것이 없다.

카페홈즈 크로플 세트와 쿠키마카롱 세트   출처 : 저자 작성

다른 가게보다
10배 앞서가는 배민 세팅법

간혹 카페뿐만 아니라 배달하지 않는 매장들이 있다. 물론, 안 하려는 심정과 이유는 이해한다. 아직 배달하지 않고 있는 사장님들이라면 배달 플랫폼의 끔찍하리만치 높은 수수료와 배달료, 포장에 드는 부자잿값을 알게 된다면 같은 생각이 들 것이다.

그러나 모두가 그렇게 생각하기에 그래서 배달을 포기하고, 배달 플랫폼에 광고를 진행하지 않기에 배달은 반드시 할 필요가 있다. 포기하는 비율이 반이고, 제대로 하지 않는 비율이 또 반이다. 결국 배달을 제대로만 할 줄 안다면 매출과 영업이익을 모두 챙길 수 있다.

배달 시장은 배달의민족, 쿠팡이츠, 요기요 이렇게 3개 업체가 거의 모든

출처 : 배달의민족, 요기요, 쿠팡이츠 앱

파이를 차지하고 있다. 그렇지만 일부 지역을 제외하고는 아직도 배달의민족이 절대적이다. 결국 배달 매출의 절반 이상이 배달의민족에서 발생할 확률이 높다.

그렇다면 배달의민족에서 모든 세팅값을 '올바르게'만 세팅해도 다른 업체들보다 앞서 나갈 수 있다는 것을 의미한다. 그렇다면 배달의민족에서 어떻게 세팅을 해야 타 업체보다 더 노출되고, 더 클릭되고, 더 구매될 수 있을까?

본질은 단순하다. 여러 기술적인 접근 이전에 소비자의 눈에서 배달의민족으로 접속해보자. 배민1이거나 기본 배달로 특정 음식을 먹기 위해 클릭한다.

출처 : 배달의민족

좌측 상단을 살펴보자. 아무런 클릭도 하지 않고 기본순서로 정렬된다면 오픈리스트/ 울트라콜 2가지 화면이 보이게 된다. 이 2곳의 영역은 당신도 알다시피 (또는 아직 장사 이전이라면 이참에 알아두자) 광고의 영역이다. 기본은 광고순서란 뜻이다. 당신이 만약 오픈리스트나, 울트라콜 광고를 집행하고 있지 않다면 아마 스크롤을 한참 내려야 노출되는 곳에 있을 확률이 높다.

기본순서가 아닌 곳들은 어떤 선택 값이 있을까?

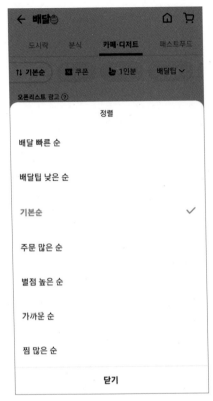

소비자가 어떤 항목으로 보든, 당신의 매장이 상위에 노출될 수 있는 구조를 만들 수 있다면 남들 더 주문에 있어서 더 많은 기회를 가져갈 수 있다는 뜻이다.

우선 당신의 매장이 배달로 주문을 끌어내기 위해서는 앞서 살펴본 것처럼 7가지 영역에서 노출 우위를 확보해야 한다.

1. 기본 순
2. 배달팁(배달료) 낮은 순
3. 배달 빠른 순
4. 소개 많은 순
5. 별점이 높은 순
6. 가까운 순
7. 주문 많은 순

출처 : 배달의민족

각각의 영역에서 당신의 '노력'으로 우위를 점할 수 있는 영역은 어디인가? 정답은 1곳 빼고(가까운 순은 위치 기반이다) '모두'다. 물론 일부 영역은 단기간에 상위에 노출되는 구조를 만들 수 없다. 시간이 걸리고 정성이 결과로 쌓여야만 한다. 그러나 1번 기본 순에서 7번 별점이 높은 순서까지 모든 영역의 우위를 확보할 수 있는 가장 확실한 방법이 있다.

배달의민족 모든 탭에 모든 영역을 모두 채우라. 너무나 중요해서 다시 말한다. 배달의민족 모든 탭에 당신이 기재할 수 있는 공란이 있다면 빠짐없이 모두 채우라. 이 기본을 하지 않고 빈 영역을 남겨두는 사업자가 80%다. 정말이다. 모든 영역을 정확하고 충실하게 채우고 있는 사업자는 20%도 되지 않는다. 이 영역만 충분히 채워도 당신은 상위 20%의 올바른 세팅을 한 것이다.

모든 영역을 채웠다면, 그 채워진 영역을 소비자의 눈으로 배달의민족 앱에 들어가서 확인하라, 지인에게 보여주거나, 나에게 개인적인 메일을 보내 검사를 맡아도 된다. 각각의 영역을 어떻게 채워야 하는지에 대한 자세한 설명은 블로그(블로그 주소)에서도 설명하고 있으니, 공부하고 싶다면 방문해서 충분히 읽어봐도 좋다.

1. 기본 순

기본 순은 광고 업체와 신규 업체의 영역이다. 당신의 세팅만 충분하다면 이 영역에서도 우위를 가져갈 수 있다. 광고의 세팅은 '울트라콜 깃발 : 월 1,000만 원 더 버는 법'에서 추가 설명하고 있다. 중요한 것은 배달의민족 기본 화면이 이 '기본 순'을 고정값으로 제공하고 있어서, 당신의 배달 앱 세팅이 이 기본값을 충실히 세팅하지 않는다면 같은 광고를 집행해도 후 순위로 밀릴 수 있다.

– 결론 : 충실한 내용 기재 + 올바른 광고 세팅

2. 배달팁 낮은 순

배달팁을 0원부터 설정해 놓으면 우선 노출된다. 중요한 것은 모든 주문금액에 대해 배달팁을 0원으로 설정해놓는 것이 아닌 특정 금액 이상 배달팁 0원으로 설정해 놓아도 배달팁이 낮은 순서상 상위 노출이 가능하다는 것이다. 따라서 당신의 매장에서 특정 금액 이상을 주문하면 배달팁을 0원(배달팁이 0원인 구간은 당신 매장의 메뉴에서 배달팁을 당신이 100% 부담하더라도 영업이익이 발생하는 구간)으로 세팅할 것을 추천한다. 배달팁 낮은 순은 배달팁 비용, 배달 속도, 소개 및 평점 순서로 영향을 끼쳐 노출된다.

- 결론 : 영업이익이 충분히 남는 금액[(예) 50,000원 이상] 이상 구매 때 배달팁을 무료로 세팅 + 빠른 배달

3. 배달 빠른 순

당신의 음료, 디저트 제작 속도와 배달 업체의 협업이 만들어낸다. 메뉴 제조에 대한 능숙도는 당신의 몫이고 배달 속도는 배달 업체의 몫이다. 배달 빠른 순서보다는 거리가 가까운 순, 배달팁 낮은 순, 소개 많은 순, 주문 많은 순 등을 소비자들이 더 선호하니 이 부분에 너무 매달릴 필요는 없다. 다만, 배달이 너무 늦는 것은 누구나 불편할 만한 사항이니 메뉴 제조 속도를 충분히 숙달해 올리도록 하자.

- 결론 : 메뉴 제조 속도 + 배달 속도 = 배달 빠른 순

4. 주문 많은 순

통상 12~24시간 단위로 집계된다. 일 주문 건수에 따라서 순위 반영이 실시간으로 바뀐다. 소비자들이 선호하는 순서이고, 당신의 매장에 대한 총체적 신뢰를 나타내기도 한다. 카페홈즈의 경우 주문 많은 순 1위를 달성하기까지 3개월 정도가 걸렸다. 주문 많은 순서야말로 맛집 순위에 가장 필요한 요소이며, 당신 매장의 매출과 직결되는 부분이다. 하지만 주문 건수에 매몰될 필

요는 없다. 결국 정성이 담긴 한 건의 배달이 쌓여 주문 많은 순서를 만들어낸다. 이 영역에 도달하는 방법은 상기 모든 기술이 합쳐지고 정성과 시간이 만들어낸다. 당신이 신경을 써야 할 것은 기본에 충실하고 한 건, 한 건의 배달에 정성을 쏟는 것이다.

– 결론 : 기본 + 정성 + 시간의 영역은 단기간에 성취 불가

5. 별점 높은 순

신규 업체가 많아지면서 신뢰를 많이 잃은 영역이다. 기본적으로 신규 업체가 1개의 후기라도 5점을 받는다면 바로 1위 노출이 가능한 곳이다. 당신이 신규 영업장이면 바로 1위에 노출될 수 있고, 유지도 가능하다는 뜻이다. 다만, 소비자들이 선호하는 영역은 아니다. 그런데도 본 영역에 우선 노출이 되려면 1가지의 방법을 고수하면 된다. 1개의 배달에 5점의 정성을 다할 것. 그래서 5점의 리뷰를 받아낼 것.

– 결론 : 신규 업체 + 평균 소개이며 신규 업체가 1개의 주문 1개의 5점 리뷰를 받으면 바로 1위 노출되는 구조

6. 가까운 순

거리 순에 따라 당신이 있는 곳과 가까운 매장들을 보여준다. 주로 방문포장 고객들이 선호하는 탭이다. 당신이 유일하게 통제할 수 없는 탭이다. 단, 방문포장 고객들에게 주는 혜택이 많다면 다소 거리감이 있더라도 찾아오는 고객들이 있고 방문 포장 고객을 배달 고객으로 전환 시킬 수 있다. 그렇다면 결론은 같다. 1건의 배달에 최선의 정성을 다하라.

– 결론 : 소비자와 당신 매장 간의 거리에 따라 우선 노출

7. 찜 많은 순

주문 많은 순과 같이 소비자들이 가장 선호하는 탭이다. 당신의 매장을 누가 찜했다는 사실, 주문이 많다는 사실은 강력한 하나의 신호를 보내는 것과 같다. 실패를 최소화할 수 있다는 것. 무엇인가 먹고 싶어진 소비자들이 당신의 매장에서 시켰을 때 실패의 염려가 적다는 사실만으로도 주문 확률이 상당히 높아진다.

찜을 늘리기 위해서 소개 이벤트와 찜 이벤트를 활성화해야 할 이유가 여기에 있다. 추천하는 방법은 배달의민족에서 당신 가게를 클릭했을 때 찜과 소개 이벤트가 있음을 바로 명시하라.

각 탭의 특징을 파악하고 당신의 매장을 우선으로 노출되게끔 하라. 당신이 생각하는 것보다 더 많은 가게들이 이 영역에 신경을 쓰지 않는다. 다른 매장들이 배달을 운에 기대고 있을 때 당신이 실력으로 앞선다면 더 이상 배달을 그날그날 운에 기댈 필요가 없다.

각 영역의 더 자세한 우선 노출 방법은 블로그에서도 추가로 설명하고 있으니 언제든 방문해서 살펴보고 공부하고 적용하라. 결국 행동하지 않으면 바뀌지 않는다.

출처 : 배달의민족

★★★ 카페홈즈 맛집랭킹1위 🖤 홈즈 이벤트
٩(ᐛ)و 🖤

출처 : 배달의민족

<리뷰이벤트>

✔ 하트모양 ♡ 찜 꾸욱~ 눌러주신 후
✔ 요청사항에 <닉네임+리뷰+이벤트메뉴>
👉 원하는 메뉴는 아아,뜨아,아이스티 중 택1
ex) 카페홈즈, 리뷰쓸게요! 아아주세요 :)
✔ 별 ☆☆☆☆☆ 해주실꺼죠? >‿＜
✔ 사진과 함께 리뷰를 올려주세요💕

*선택사항 미기재시 랜덤으로 보내드립니다-!

카페홈즈를 이용해주셔서 감사합니다~😎
정성껏 만들어 최상의 퀄리티와 맛으로 찾아가겠습
니다 :) 또 만나요 ٩(ˊᗜˋ)و 💕

출처 : 저자 작성

메뉴 개수 :
다다익선 또는 선택과 집중

당신의 카페는 어떤 메뉴를 취급하고 있는가? 당신의 카페에서만 먹을 수 있는 메뉴는 무엇인가? 조금 더 자유롭게 생각해보자. 메뉴는 많을수록 좋을까? 적을수록 좋을까?

이것에 대한 답이 있는 것은 아니지만, 확실한 접근법은 있는 듯하다. 당신의 카페에서만 먹을 수 있는 메뉴가 있어야 한다는 것이다. 아메리카노가 맛있는 카페는 나는 들어본 적이 없다. 기본이니까. 카페가 커피 맛이 없으면 그것은 카페가 아니니까. 결국 중요한 것은 메뉴의 개수가 아니라 하나라도 똑바로 하느냐는 말이다.

각각의 메뉴가 숫자 채우기가 아닌 어떤 메뉴를 택하더라도 기본 이상은 하느냐는 문제다. 당신이 제대로 할 줄 아는 메뉴(여기서 제대로 한다는 뜻은 고객 관점에서 그 가격을 주고 어디 가서도 먹을 수 없는 맛의 수준을 의미한다)가 많다면, 뭘 하든 상관없다. 100가지라면 100개를 하고, 1,000가지라면 1,000가지를 하라. 메뉴가 1,000가지인 카페가 있다면 얼마나 특색있는 카페가 되겠는가.

그런데 똑바로 할 줄 아는 것이 별로 없다면, 제대로 할 줄 아는 것만 하라.

선택하고 집중하라. 맛집은 2가지로 나뉜다. 정말 잘하는 것을 집요하게 파서 그것만 제대로 파는 곳과 이것저것 뭘 시키던 다 맛있는 곳이다.

중요한 것은 결국 뭘 시키든 맛있거나, 어떤 한두 가지가 압도적으로 맛있어야 한다. 카페를 생각한다면 음료의 종류를 늘리는 것은 참 쉬운 일이다. 에스프레소 샷만 있어도 아메리카노, 라떼, 프라페, 프라푸치노 등 시럽에 따라서 커피 메뉴는 다양하게 늘어난다. 이런 손쉬운 메뉴 가짓수 늘리기는 소비자들에게 선택의 폭을 넓혀주기도 하지만 동시에 다른 문제를 일으킨다. 당신이 하려는 카페가 기존 카페들과 메뉴 경쟁에서 우위를 가질 수 없다는 뜻이다. 그래서 특색있는 메뉴가 필요하고, 당신의 카페에서만 먹을 수 있는 메뉴가 필요하다.

단, 여기서 원칙이 있다. 당신만의 카페에서 먹을 수 있는 메뉴는 다음의 사항을 준수해야 한다. 당신이 프랜차이즈를 할지, 개인 카페를 할지 모르기 때문에 포괄적인 개념으로 준수해야 할 사항을 명시하겠다.

1. 식사 메뉴는 취급하지 마라

특색있는 메뉴를 개발하겠다고 볶음밥을 팔거나 떡볶이를 취급하지 말아라. 당신이 하려는 것이 카페라면 이런 메뉴는 취급하지 말아라. 당신의 카페가 학교 앞, 특정 학생들을 대상으로 메뉴를 팔려고 떡볶이를 팔고, 아파트 단지 앞이라고 떡을 팔고, 사무실 근처여서 밥을 팔면, 그때부터 카페가 아니게 된다. 차라리 다른 업종을 하라. 프랜차이즈 카페라면 이런 메뉴를 파는 곳은 지양해야 한다.

2. 기본 8 : 시즌성 2. 8대 2의 메뉴 법칙

개인 카페라면 메뉴 개발은 필수고, 프랜차이즈라면 신메뉴가 필수다. 트렌드는 변한다. 사람들이 찾는 디저트도 변하고, 음료도 트렌드를 따른다. 여름엔 당연히 시원한 생과일주스가 인기고, 겨울은 따뜻한 음료와 겨울 디저트를 찾는다. 기본 메뉴와 신메뉴(시즌성 메뉴)의 비율이 8대2 정도는 맞춰야 한다.

홈즈 커스타드 미니 붕어빵 (기본 6개)

미니 붕어빵 6개

3,000원

홈즈 생과일 100% 쥬스

오직 시즌에맛 즐길 수 있는 홈즈 수제 생과일 쥬스. 과일도 홈즈가 직접 갖고오면 다릅니다. 국내 청정지역에서 자란 깨끗한 청과만 취급합니다. 생과일 쥬스 시원... **더보기**

홈즈 통팥 미니붕어빵 (기본 6개)

미니붕어빵 6개

3,000원

홈즈 토마토주스

생과일 토마토 + 설탕 + 얼음

ICE : 6,000원

사장님 추천

홈즈반반붕어빵 (통팥3개 커스타드3개)

통팥 3개 + 커스타드크림 3개

1개 : 3,000원

홈즈 홍시 주스

여름이 가고 가을이 왔다 가을엔 홍시주스 :)

ICE : 6,000원

출처 : 저자 작성

3. 디저트는 선택이 아닌 필수

디저트 메뉴는 선택이 아닌 필수다. 카페의 객단가를 올려주며 당신의 수익을 극대화해주는 디저트 메뉴를 개발하거나 찾아야 한다. 음료로 본인의 카페가 기존의 대형 프랜차이즈와 경쟁할 수 있다고 생각하는가? 자본이 압도적인 카페와 경쟁할 수 있는가? 없다. 그러나 디저트는 가능하다. 당신의 카페에서만 먹을 수 있는 디저트가 있다면 사람들은 찾아서라도 온다.

카페홈즈는 쿠키라는 킬링 디저트를 보유하고 있다. 카페홈즈에서만 먹을 수 있는 쿠키를 판다. 우린 쿠키로 한국 1등 브랜드를 만들고자 하기 때문이다. 당신이 하려는 카페의 디저트는 무엇인가? 프랜차이즈라면 어떤 디저트를 취급하고 있는지 확인하라.

오레오 스모어 수제쿠키

화이트 초콜릿과 오레오, 마시멜로우가 만나 달콤쫀득한 쿠키입니다. 견…

1개 : 3,800원

흑임자 팥 수제쿠키

고소한 흑임자에 달달한 팥소와 호두, 해바라기씨가 들어가 남녀노소 …

1개 : 3,800원

레드벨벳 크림치즈 수제쿠키

색소를 넣지 않고 홍국 쌀가루를 넣어 은은한 색감과 촉촉한 식…

1개 : 3,800원

쑥 인절미 크럼블 수제쿠키

쑥 향이 솔솔 나는 쿠키 도우에 고소한 인절미 크럼블을 올려 구…

1개 : 3,800원

레몬 얼그레이 크림치즈 수제쿠키

은은한 얼그레이와 상큼한 레몬이 만나 향이 너무너무 좋…

1개 : 3,800원

돼지바 크런치 스페셜수제쿠키

블랙 초코 쿠키도우 안에 달달한 다크초콜릿과 크림치즈와 라즈베리…

1개 : 4,300원

출처 : 저자 작성

4. 'Best One' 말고 'Only One'

에그타르트를 만들어서 판다고 하자. 당신이 한국에서 에그타르트를 가장 맛있게 만들 수 있는가? 아니다. 물론 제빵 명장이거나, 에그타르트 외길 인생 20년을 걸어온 사람이라면 미안하다. 당신은 가능하다. 그러나 그런 경우가 아니라면 불가능하다는 것을 나도 당신도 안다.

어떤 한 분야의 1위가 되는 것은 너무나도 힘들다. 당신이 취급하려는 메뉴가 최고(Best One)를 지향한다면 방향이 틀렸다는 이야기다. 대체할 수 없는 메뉴를 만들어라. 당신만의 비결로 만드는 수제크림, 당신만의 비결로 만드는 애플파이, 당신만의 레시피로 만드는 마늘빵이 낫다. 당신만이 만들 수 있고 당신의 카페에서만 취급하는 메뉴가 있을 때는 'Only One'이 되고, 경쟁이 없기에 'Best One'이 된다.

출처 : 저자 작성

5. 당신만의 레시피, 그러나 모두가 만들 수 있게

혼자서 24시간 일할 생각이 아니라면, 당신이 만드는 디저트가 당신만 만들 수 있는 것이라면 하지 마라. 아무리 맛이 좋고, 당신의 레시피로 만든 디저트거나 음료라도 너무 복잡하고, 손이 많아가고, 오직 당신만 만들 수 있다면 그런 메뉴는 취급하지 마라. 프랜차이즈의 경우라면 손이 많이 가는 메뉴를 취급한다면 그 프랜차이즈는 지양하라. 레시피라는 것은 누구나 보고 따라 할 수 있어야 한다. 프랜차이즈라면 제조의 효율성을 보장해야 한다. 메뉴에 특색을 더하겠다고 하루에 10개도 못 만드는 메뉴를 만든다면 그건 킬링 메뉴가 아니라, 당신을 피곤하게 만드는 메뉴일 뿐이다.

이상으로 알려준 5가지의 준수사항은 당신이 하려는 카페가 개인 카페든 프랜차이즈이든 상관없이 꼭 지켜야 할 기본이다. 정리하자면 메뉴의 가짓수와 상관없이 맛은 기본이어야 한다. 당신의 카페에서만 찾을 수 있는 Only One의 특색을 지니며, 누구나 만들 수 있도록 레시피가 효율적이어야 한다. 꾸준히 신메뉴를 취급해야 하며, 밥 메뉴가 아닌 디저트를 취급해야 한다는 것이다.

잊지 마라. 물 위로 우아하게 노니는 백조의 발은 끝없이 부지런하게 움직이고 있다는 사실을. 당신이 하려는 카페는 메뉴와 관련해서는 부지런함이 기본이다.

재고 관리 : 1개를 못 팔면
300만 원이 손해인 이유

카페를 운영하며 가장 기본을 다져야 할 업무가 있다면 단언컨대 재고 관리다. 물론 카페홈즈도 처음부터 재고 관리에 능숙했던 것은 아니다. 원두가 없어서 커피를 못 파는 날이 있었으니 말이다. 예측했던 주문보다 너무 많은 주문이 들어왔고 당일 입고 되어야 할 원두가 배송 지연으로 사고가 나서, 정말 커피를 못 파는 날이 하루 있었다. 그날의 경험 덕분인지 원두뿐만 아니라 모든 품목의 재고 관리에 대해서는 좀 더 엄격하게 관리를 진행했다.

그러면 왜 재고 관리가 중요하고, 어떻게 재고 관리를 해야 하는지를 말해보겠다. 소비자의 시선으로 돌아가 재고 관리가 왜 중요한지 살펴보자.

당신은 어느 날 크로플이 먹고 싶어졌다. 저녁 식사는 이미 마친 뒤고 달콤한 크로플과 아메리카노 한 잔이 막 먹고 싶어진 참이다. 근처에 크로플을 파는 곳이 바로 떠오르지 않았기에 배달의민족이나, 쿠팡이츠 같은 배달 플랫폼을 통해서 시켜 먹기로 했다.

배달 앱을 켜고 '크로플'을 검색한다. 여러 카페가 보이던 중 카페 한 곳을 발견한다. 당신이 원하는 크로플 메뉴를 발견했다. 리뷰를 보니 후기도 좋아

보이고, 이미지로 보이는 크기도 토핑도 모두 마음에 들었다.

장바구니에 담아서 주문하려는 그때 이런 문구를 발견한다. '품절되었습니다.' '이런!' 속으로 잠시 불쾌한 기분이 들겠지만 뭐 여기만 크로플을 파는 것은 아니다. 물론 다른 메뉴도 먹고 싶지만, 크로플이 가장 먹고 싶었던 당신은 다른 카페를 찾아 떠난다. 마침 또 크로플을 파는 카페를 찾았고, 이것저것 같이 배달을 주문한다.

도착한 크로플은 생각보다 맛이 괜찮았고, 좋은 리뷰와 함께 '또 여기서 시켜 먹어야지' 하며 달콤한 디저트와 아메리카노 한 모금을 들이킨다.

자. 이제 당신은 다음에 크로플이 먹고 싶을 때 이렇게 생각할까? '저번에 여기서 크로플 시켜 먹으려다가 품절로 못 먹었는데, 이번에는 여기서 시켜 먹어야지!' 하고 생각할까? ' 저번에 시켜 먹었던 곳, 거기 어디더라, 맛있었는데, 또 먹어야지' 하고 생각할까?

이제 점주에게 돌아가보자. 당신이 그날 팔지 못한 것은 크로플 1조각 4,000원이 아니다. 당신이 놓친 것은 당신에게 시키려 했던 고객이 앞으로 꾸준히 시켜 먹을 100만 원 이상의 기대 매출을 놓친 것이다. 왜? 재고 관리를 못했기 때문이다.

그렇기에 1개의 재고를 관리하지 못한다는 것은 1명 고객의 1년 치의 영업 이익을 놓치는 것과 같다. 품절을 관리해야 한다. 언제나 대체자는 있고, 당신 가게만큼이나 당신이 취급하는 메뉴를 잘하는 곳도 있음을 명심해야 한다. 찾아온 고객을 놓치지 않고 단골로 만드는 것. 이 단순한 원칙의 앞에는 재고 관리가 있다.

그렇다면 재고 관리를 어떻게 해야 할까? 또, 재고를 너무 넉넉하게 쟁여

놓으면 당일 영업이익에 손해가 발생하고, 낭비로 인한 불필요한 비용이 발생할 수 있다.

의외로 재고 관리는 간단하다. 지금 어떤 재고가, 얼마나 있는지를 파악하면 된다. 재고를 '관리'하면 지금 무엇이 부족한지, 얼마나 넉넉한지, 재고의 소진 주기가 어떠한지를 파악할 수 있다. 일 마감, 주 마감 언제든 상관없다. 재고를 관리해야 한다. 예스폼과 같은 웹사이트를 이용해 잘 만들어진 재고 관리 엑셀을 내려받아 당신 매장의 재고를 실시간으로 관리해야만 한다.

출처 : 예스폼

엑셀이든, 수기 장부든 상관없다. 실시간으로 업데이트되는 재고를 기록하고 관리해야 한다. 이렇게 말하면 여전히 어렵게만 느껴지므로 재고 관리와 관련된 엑셀 시트를 선물로 보내주겠다. 여기까지 궁금해 책을 펼친 당신을 위한 선물이다. 당신의 이름과 연락처 그리고 상호명이나, 필요한 이유를 나의 이메일(jinsu6778@naver.com)로 보내라. 업종이 무엇이든 요긴하게 당신 매장의 재고 관리를 도와줄 것이다.

4배수의 법칙

4배수의 법칙이란 말을 들어본 적이 있는가? 이 개념은 내가 고안한 개념은 아니다. 비즈니스 유튜버이자 이상한 마케팅 대표인 자청 님이 말했다. 4배수의 법칙은 장사와 관련한 컨설팅을 하는 유튜버이자 프랜차이즈 CEO였던 장사의 신, 은현장 님도 말한 적이 있다.

카페홈즈는 이 4배수의 법칙을 여러 방면에서 철저히 지키고자 한다. 그럼 4배수의 법칙이란 무엇인가? 쉽게 말하면 당신이 누군가를 당신이 일해야 할 시간에 대신 일하게 한다면, 시간당 매출이 인건비의 4배는 나와야 한다는 뜻이다.

이것을 전체 매출로 본다면 인건비는 전체 매출의 25%에서 해결되는 것이 이상적이란 뜻이다. 당신이 일하지 않고 돈을 버는 구조가 나오려면 직원은 본인이 받는 급여의 4배 정도의 매출을 낼 수 있어야 한다는 뜻이다. 이 4배수의 법칙은 효과의 측면에서는 어디든 적용될 수 있다.

> **(인건비 예시)**
>
> 1시간 매출 = 1시간 직원 인건비 × 4배 이상

만약 10만 원을 투자해서 특정 광고를 한다면 40만 원어치의 효과는 나와야 당신이 지출한 10만 원을 제하고도 30만 원의 순 매출이 발생할 것이다. 30만 원의 순 매출 중 재료비, 인건비, 기타 금액을 빼도 당신에게 '순이윤'이 발생할 것이다.

(광고비 예시)

10만 원 광고 = 40만 원 이상의 매출

당신이 일일 5시간 주 6일 30시간, 월 120시간 사람을 고용한다면, 그 시간대에 매출은 약 480만 원이 나와야 한다. 팍팍하게 느껴지는가? 너무 이상적인 수치라 느껴지는가? 아니다. 실제 이렇게 나와야 당신이 돈을 번다.

2배가 나오면 마이너스고, 3배부터 손익분기에 도달할 것이다. 3배를 넘어가는 순간 당신이 더 쓴 인건비만큼 당신에게 영업이익이 돌아가는 구조가 완성된다. 아주 높은 확률로 당신이 지금 이 글을 읽으며 계산해본다면 맞을 것이다.

그렇기에 사람을 쓰거나, 위임할 때 이 4배수의 법칙을 명심해야 한다. 특정 시간대에 가게를 누군가에게 운영을 맡긴다면(아르바이트생 또는 매니저) 그 시간대에 매출이 사람을 고용하고 지급하는 인건비의 4배가 나오는지 확인하라. 그렇지 않다면 왜 사람을 고용해 시간당 마이너스 영업하고 있는가.

당신은 자선 사업가가 아니다. 돈을 벌려면 이 4배수의 법칙을 잊지 말아야 한다.

인스타그램·블로그·유튜브 광고
'제대로 하는 법'

많은 사업자가 광고를 한다. 목적도 없이 광고를 한다. 인스타그램 포스팅 및 해시태그 이벤트, 블로그 체험단, 유튜브 촬영 등을 꽤 열심히 한다. 그런데 이걸 왜 하냐고 물어보면, 왜 하는지를 모른다. 남들이 다 하니까, 이렇게 해야 고객이 찾아오니까. 맞는 말이다. 50%만 맞다. 광고를 왜 해야 할까? 이 광고의 본질의 무엇인지 생각해보면 접근 자체가 달라질 수 있다. 기술적인 접근과 광고를 왜 해야 하는지를 알아보자.

광고하는 이유는 하나다. 소비자들에게 '신뢰'를 주기 위함이다. 아이러니하지 않은가? 광고하는 이유가 돈을 벌기 위해서라던가, 매출을 올리기 위해서라던가, 지금 당장 고객을 방문하게 하기 위해서가 아니라는 사실이.

비타민 C를 팔면서 기능을 설명하지 않고 유재석을 모델로 쓰는 이유는 무엇인가. 유명 치킨 브랜드가 치킨 맛을 설명하지 않고 유명 스타가 치킨 다리를 뜯는 이유는 무엇인가. 자동차의 성능과 안정성에 대해 과감한 실험 영상을 안 보여주고 스타가 나와서 차를 운전하는 이유는 무엇인가. 모두 '신뢰'다. 다른 말로 표현하자면 '손해 보고 싶지 않은' 소비자의 마음을 알아주고 안정시켜주는 것이다.

이제 당신이 하는 카페나 가게로 돌아와보자. 당신이 하는 모든 광고의 목적은 소비자들에게 신뢰를 주어야 한다. 광고 같지 않아야 하고, 광고라고 하더라도 정보를 주어야 한다. 우린 정보를 주는 글을 광고라고 인식하지 않는다. 그러니 당신이 진행하려는 광고는 모두 정보를 주고, 그 정보를 보고 찾아오거나 주문하는 고객들에게 음료든 디저트든 팔면 되는 것이다.

카페홈즈는 인스타그램, 블로그, 유튜브 등 무엇이든 광고를 진행할 때 가장 중요한 원칙을 '정보 제공'으로 삼고 있다. '#쿠키 맛집 #디저트 카페'로 블로그에 노출이 된다면 쿠키 맛이 어떤지, 식감이 어떤지, 꾸덕꾸덕한지, 바삭거리는지, 크기는 어떤지, 가격은 얼마인지 등을 아주 상세하고 포스팅해달라고 블로거들에게 부탁한다.

그래야 쿠키를 먹고 싶은 고객 중 우리 카페에 어울리는 고객들이 방문한다. 충분한 정보 탐색 후 방문하거나 주문하는 고객들이기에 객단가가 높고, 긍정적인 후기를 남겨줄 확률이 높다.

정보의 양보다 질이 중요하고, 광고 또한 마찬가지다. 광고를 포기하고 광고하라. 소비자들은 어떤 글이 광고인지 정보인지 알고, 광고라도 정보로 판단된다면 적극적으로 수용한다. 당신이 하려는 모든 광고를 포기하라. 그러면 광고가 시작된다.

이것이 당신이 인스타그램, 블로그, 유튜브 광고를 할 때 지켜야 할 1원칙이다. 정보를 제공하라.

제1원칙을 당신 가게, 카페에 맞추어 소비자에게 제공할 수 있는 몇몇 플랫폼을 소개하겠다. 인스타그램, 블로거 인플루언서 섭외를 진행할 수 있는 곳이며 다수의 기능을 무료로 제공한다.

리뷰노트

비교적 최근 생긴 플랫폼이다. 블로거 및 인스타그래머를 무료로 섭외할 수 있으며 당신은 제공할 수 있는 혜택만 입력하면 된다. 블로그 및 인스타 포스팅 시 유의할 점 등을 알려줄 수 있고, 당신이 원하는 방향으로 포스팅을 부탁할 수 있다. 명심하라. 광고 같지 않기 위해서는 광고를 포기하고, 정보를 제공한다는 사실을.

파블로 체험단

실전형 현장에서 발로 뛰는 대표가 직접 운영하는 체험단 사이트다. 국내에서 가장 큰 규모에 속한다. 블로그 체험단의 경우 1인당 4,000원 정도에 이용할 수 있다. 대행사들도 이용하는 사이트로 신뢰도가 높다. 사이트는 조금 허술하나 실력은 그렇지 않다.

레뷰

비교적 깔끔한 웹 사이트와 담당자 1대1 매칭 등 인스타그램, 블로그, 유튜브까지 전체적인 진행이 가능하다. 3곳 중 가장 비용이 많이 드는 편이다. 대형 카페나 규모가 있는 가게를 운영한다면, 또는 프랜차이즈 본사라면 이용해볼 것을 추천한다.

> TIP : 유튜브 촬영의 경우 개인 유튜버 또는 구독자가 많더라도 대형 유튜버들 또한 직접 연락하는 것을 추천한다. 생각보다 당신의 제안에 많은 유튜버들이 열려 있을 것이다.

배민 광고 제대로 하는 법 :
깃발 1개마다 월 100만 원 더 번다

사실 이 방법을 적을까 말까 고민했다. 이 정보만으로도 이미 이 책을 읽는 가치 이상은 제공할 수 있다고 생각하기 때문이다. 배달하는 사장님이라면 깃발의 위치는 언제나 난관 같을 것이다. 다수의 사장님이 깃발 위치 설정을 배민 매니저, 배달대행 기사, 배달대행 업체 지부(本部)장 등 다른 사람들이 지정하도록 두고 있다. 잘 모르니까, 왠지 그 사람들을 잘 알 것 같으니까.

다 틀렸다. 절대 그렇게 해서는 안 된다. 그들은 당신 매장에 매출을 책임지지 않고 책임질 필요도 없는 사람들이다. 당신이 소중히 쓰는 깃발 1개당 월 88,000원의 광고 비용을 왜 남들이 다 쓰도록 두는가. 죽이 되든 밥이 되든 몇 개월이 걸리든 당신 스스로 시행착오를 겪고 깃발 위치도 이리저리 옮겨보며 파악해야 한다.

그런데도 잘 모를 것이다. 물론, 노하우를 파악하고 어떻게 해야 하는지를 직관적으로 파악할 수도 있고, 경험적으로 깨달을 수도 있지만 이제 답을 알려주겠다. 깃발의 위치는 정답이 있다. 당신이 어떤 업종이냐에 따라 달라질 수 있지만, 정답을 찾아가는 접근법이 있다.

순서대로 따라오라. 깃발 1개로 월 100만 원은 더 버는 방법을 알려주겠다.

1. 배민 사장님 광장 광고 & 서비스 관리 탭 클릭, 울트라콜 캠페인 ID와 주소를 엑셀에 모두 기재

	주문번호	주문시각	광고상품	캠페인ID	주문내역	결제타입	수령방법	결제금액
∨	배달완료 B1JQ022T3S	2023. 06. 30. (금) 오후 10:36:31	울트라콜	844107 4	홈즈 토마토주스 외 12건	만나서결 제	배달	66,100원
∨	배달완료 B1JQ00WSS N	2023. 06. 30. (금) 오후 05:07:38	울트라콜	844106 0	딸기스무디 외 2건	바로결제	배달	14,400원
∨	배달완료 B1JQ00VIVY	2023. 06. 30. (금) 오후 04:55:47	울트라콜	844106 5	레몬 외 1건	바로결제	배달	12,900원
∨	배달완료 B1JQ00PCQE	2023. 06. 30. (금) 오후 02:53:00	울트라콜	844108 0	베이비 슈 외 13건	만나서결 제	배달	67,900원
∨	배달완료 B1JQ00DQV4	2023. 06. 30. (금) 오전 11:45:34	울트라콜	844106 6	아메리카노 외 1건	바로결제	배달	15,900원
∨	배달완료 B1JQ00BOU K	2023. 06. 30. (금) 오전 11:22:09	울트라콜	844107 4	무화과 크림치즈 휘낭시에 외 5건	만나서결 제	배달	38,500원

출처 : 저자 작성

울트라콜 광고는 깃발의 고유 번호를 제공하고 있다. 깃발의 고유 번호와 상세 주소를 엑셀이든 한글 파일이든 따로 작성해서 모두 써넣어라. 하단과 같이 엑셀을 만들어라.

깃발 번호	카테고리	주문건수	기존 위치	변경 위치
8884297	카페·디저트			
8884298	카페·디저트			
8884299	카페·디저트			
8884300	카페·디저트			
8884301	카페·디저트			
8884302	카페·디저트			
8884303	카페·디저트			
8884304	카페·디저트			

출처 : 저자 작성

2. 배민 사장님 광장 주문 내역 탭에 접속, 필터에서 '울트라콜' 클릭

이제 울트라콜(깃발) 광고를 통한 주문만 확인이 가능할 것이다. 여기서 당신이 주목해야 할 것은 울트라콜 광고 중 '어떤 깃발'을 통해 주문이 들어 왔는가다. 아직 잘 모르겠어도 상관없다. 따라오라.

출처 : 저자 작성

3. 2번 울트라콜 통한 전체 주문을 엑셀에 복사+붙여넣기

조잡해도 상관없다. 월간 전체 주문을 엑셀이나 한글에 전체 복사한 후 붙여넣기를 해라.

4. 캠페인 ID별로 주문건수 확인 및 엑셀에 기재

깃발 번호	카테고리	주문건수	기존 위치
8884297	카페·디저트	17	경기도 김포시 통진읍 서암로
8884298	카페·디저트	6	경기도 김포시 김포한강11로
8884299	카페·디저트	7	경기도 김포시 태장로
8884300	카페·디저트	2	경기도 김포시 양촌읍 황금로
8884301	카페·디저트	18	경기도 김포시 술터로
8884302	카페·디저트	20	경기도 김포시 김포한강4로420번길
8884303	카페·디저트	12	경기도 김포시 김포한강7로22번길
8884304	카페·디저트	35	경기도 김포시 김포한강9로

출처 : 저자 작성

캠페인 ID별로 주문건수를 확인하고 엑셀에 기재해봐라. 이제 울트라콜(깃발)을 통해 몇 건의 주문이 들어왔는지 확인이 가능할 것이다. 해당 깃발을 통해 월간 몇 건, 얼마, 어떤 주문이 들어왔는지 확인할 수 있다.

5. 주문이 많이 들어온 '깃발' 위치를 네이버 지도로 확인

차곡차곡 기재를 시작하면 주문이 많이 몰리는 깃발 위치 확인이 가능할 것이다. 축하한다. 당신 매장에 자주 시켜 먹는 특징을 지닌 곳을 발견했다. 빌라 밀집 지역, 사무실, 아파트, 다세대주택, 오피스텔 어디인지는 당신만이 알 수 있다. 나는 이곳을 '스팟'이라고 지정한다. 이제 이 스팟을 네이버 지도에 입력한 후 동네의 특성을 파악하라. 어떤 특징을 지니고 있는지를 말이다.

6. 주문이 없는 깃발은 과감하게 다른 곳으로 옮겨라. '스팟'과 유사한 곳으로!

깃발 번호	카테고리	주문건수	기존 위치	변경 위치
8884297	카페·디저트	17	경기도 김포시 통진읍 서암로	유지
8884298	카페·디저트	6	경기도 김포시 김포한강11로	경기도 김포시 김포한강5로 417 한가람마을
8884299	카페·디저트	7	경기도 김포시 태장로	경기도 김포시 김포한강9로75번길
8884300	카페·디저트	2	경기도 김포시 양촌읍 황금로	경기도 김포시 김포한강4로
8884301	카페·디저트	18	경기도 김포시 술터로	유지
8884302	카페·디저트	20	경기도 김포시 김포한강4로420번길	유지
8884303	카페·디저트	12	경기도 김포시 김포한강7로22번길	경기도 김포시 김포한강8로
8884304	카페·디저트	35	경기도 김포시 김포한강9로	유지

주문 많은 곳은 유지 / 아닌 곳은 변경　　　　　　　　　　　출처 : 저자 작성

깃발의 위치를 변경하고, 월간 단위로 앞의 작업을 반복하라. 높은 성과가 나오는 깃발 위치로 모든 깃발을 옮길 수 있다면 당신의 광고를 통한 월 매출이 얼마나 올라갈지는 나도 모른다. 월 100만 원이 높아질 수도 있고, 월

1,000만 원 매출이 더 나올 수 있다.

50곳이 넘는 카페, 치킨집, 족발, 고기, 분식점 등을 컨설팅하며 얻은 100만 원이 넘는 팁을 지닌 노하우다. 당신의 매장에 당장 적용하라.

"네이버 공식 광고대행사인데요" 하는
사기 업체 판별법

사업자를 내고 장사를 시작하면 하루에 몇 번이고 광고 전화를 받게 된다. 통상 이런 유형의 광고일 확률이 높다.

우수 브랜드에 선정되어 브랜드 대상을 받을 수 있다, 언론 보도를 진행해 주겠다, TV 방송을 진행해주겠다, 블로그 체험단을 모집해주겠다, 네이버 공식 광고대행사라 네이버 키워드&쇼핑 광고를 진행해주겠다, 사장님 가게를 상위에 노출시켜주겠다 등 주로 하는 말이 있다.

마케팅 업체에는 미안하지만 이런 곳은 10곳 중 8곳은 효과가 없는 업체라고 봐도 무방하다. 당신의 가게에 지금 단계에 필요한 곳은 한 곳도 없다고 본다. 기본이 되어 있지 않은 가게에 마케팅은 필요 없다. 그리고 이 책을 읽고 있는 당신은 아마 장사의 아주 초보 단계이거나, 장사를 시작하기 전에 신중히 검토하는 단계일 확률이 높다. 그런데 벌써 마케팅을 이렇게 저렇게 한다고 생각하고, 업체를 찾고 있거나, 업체의 전화에 혹한다면, 그야말로 초보라는 뜻이다.

그런데도 마케팅 업체의 현란한 말과 눈속임에 당신의 소중한 돈을 낭비할 수 있으므로 몇 가지 기준을 알려주겠다. 당신이 해야 할 최소한의 마케팅과 피해야 할 마케팅 업체의 기준이다.

이런 곳은 피하거나, 신중하게 검토하라.

1. 일반 및 간이 사업자로 등록된 마케팅 사업체

무슨 업체든 상관없다. 마케팅에서는 때때로 규모가 확인해주는 신뢰도가 상당하다. 개인 또는 작게 마케팅 사업을 하는 곳에 무엇인가를 맡길 생각을 말아야 한다. 네이버나 구글에 검색해서 웹 사이트가 나오지 않거나, 사업자가 일반 및 간이 사업자라면 1~2명으로 이루어진 업체일 확률이 높다. 이런 곳에는 어떤 마케팅이든 맡기지 말아야 한다.

2. 언론사 주관 브랜드대상, 소비자대상 등 돈은 받고 상을 주는 업체

지양한다. 당신이 지금까지 봐왔던 ○○브랜드 대상, 특정 대상 등은 모든 돈을 주고 사는 상패에 불과하다. 어떤 효력도 누릴 수 없다. 당신의 카페(가게)에 이런 상장이 왜 필요한가. 개인 카페라면 더더욱 필요 없으며, 프랜차이즈라면 본사가 받을 일이다. 당신에게는 해당하지 않으며 필요 없다.

3. 네이버 공식 광고 업체 및 네이버 연관 업체

실제 네이버에 등록된 네이버 공식 광고대행사는 약 61곳 정도(2023년 6월 기준)다. 'https://saedu.naver.com/adguide/manage/adAgency.naver'에서 정확한 업체명을 확인할 수 있다. 여기를 제외한 네이버를 빙자한 업체는 모두 사기라고 봐도 된다. 네이버 공식 광고대행사는 대행료를 받고 광고를 진

행하지 않는다. 단, 네이버에 광고를 진행하는 기준 / 네이버 공식 광고대행사
는 네이버에 실제로 지급하는 광고비 일부를 수수료 형태로 받는다

4. TV 및 언론 보도를 보장하는 업체

TV 출연과 언론 보도는 손쉽게 구매가 가능한 마케팅 상품이다. 몇몇 무료
출연 제안이 올 수 있지만, 기본적으로 언론은 대형 광고 수단이다. 그러나 당
신에게 언론 보도 또는 TV 송출 제안이 온다면 '아직' 아니다. 금액이 발생하
는 마케팅의 모든 선택의 기준은 '이 금액을 이 마케팅에 쓰는 게 적절한가?'
가 아니라 '이 금액으로 할 수 있는 최선의 마케팅이, 지금 제안해온 마케팅인
가?'임을 잊지 말아야 한다.

5. 선지급 금액 100% 요구 업체

체험단, 인플루언서 모집, 유튜브 촬영 등을 빙자한 100% 선금을 요구하는
업체가 많다. 통상 100% 선금은 결과가 잘 나오지 못해도 책임을 묻기 힘들
고, 연락되지 않는 경우도 발생한다. 1번 업체에 해당하며 5번처럼 선금 100%
를 요구하면 사기 업체다.

세상에 좋은 마케팅 업체는 너무나 많다. 그러나 특정 사기 업체가 많은 만
큼 주의해야 한다. 정말 중요한 것은 사기 업체를 판별하는 안목을 기르는 것
이 아니라 당신의 카페나 가게가 입소문이 날 만큼 매력적인 곳으로 만드는
것이 본질이다. 입소문이 날 만큼 맛있는 메뉴, 비주얼이 뛰어난 디저트, 당신
만의 카페에서 느낄 수 있는 무엇이 있다면 마케팅은 날개를 달아줄 것이다.
제대로 걷고 뛰지도 못하며 마케팅이란 날개를 달기를 바라는 사장님들이
많다. 기본에 충실한 사람만이 자신만의 무기를 쓸 수 있는 법이다. 드리블을

제대로 못 하는 강력한 슛을 쏘는 축구 선수. 잽을 날리지 못하는 프로 복싱 선수, 스케이팅을 제대로 타지 못하는 피겨선수는 없다. 마케팅은 당신의 가게가 기본을 잘 갖추고, 마케팅이 없어도 잘 될 때 그때 비로소 제대로 된 빛을 발해줄 수 있다. 마케팅은 필수이나 충분조건은 당신 가게만의 매력임을 잊지 마라.

Part 4

확장

월 매출 6,000만 원의
진짜 비법

확장 : 범위, 규모, 세력 따위를 늘려서 넓힘.

잘 지은 이름 하나,
열 마케팅 안 부럽다

가게를 운영한다는 것은 이름을 지어나가는 과정이다. 당신의 사업자명, 가게명, 브랜드명, 메뉴 이름 등 계속 이름을 지어야 한다. 별생각 없이 이름을 짓는다면 중요한 매출의 기점을 넘어설 수 없다.

카페홈즈는 메뉴 이름 하나하나에도 노하우가 들어 있다. 이 노하우를 당신에게 알려주는 이유는 개인 카페나 장사하면서 이름을 짓는 것의 중요성과, 잘 지은 이름 하나가 열 마케팅 부럽지 않은 효과를 가져다준다는 사실을 알려주기 위함이다.

1. 카페(가게) 이름 - 쉽게 불리고, 쉽게 기억되게 하라

대원칙은 소비자들이 기억하기 쉬워야 한다는 것이다. 당신의 상호가 그럴싸한 이름으로 지어져 있더라도 '거기 있잖아, 그 뭐더라? 왜 거기 사거리 옆에 있는 카페'가 될 확률이 높다. 그러니 쉽게 불릴 수 있는 이름으로 만들어라. 카페홈즈, 메가커피, 빽다방, 던킨도너츠 등 모두 쉬운 이름이지 않은가. 쉽게 기억되면 친숙해진다. 친숙함은 호의적인 감정을 포함한다. 이름을 쉽고 친숙하게 짓는 것만으로도 당신의 카페의 매력도는 올라간다.

조금 더 가게(카페) 이름을 짓는 팁을 주자면 다음과 같은 접근을 취해볼 수 있다. 메뉴, 위치, 정체성 3가지를 녹여내어 이름을 지어라.

카페가 모퉁이에 있고, 케이크를 핵심으로 하는 디저트 카페를 오픈한다면 모퉁이 케이크라는 이름도 나쁘지 않다. 어설프게 멋을 부린 이름보다 직관적이고, 당신 가게의 위치와 정체성을 뚜렷하게 나타낸다.

경복궁 근처 사무실 근처이며 직접 내리는 핸드드립 커피를 파는 카페라면 어떨까? 경복궁 다방. 같은 느낌으로 접근해보면 된다. '지역적 특성 + 메뉴'를 직접 만든다는 것을 강조한 이름이 탄생했다.

은평구에 위치하고 북한산 근처에서 제과 제빵을 취급하는 카페라면 어떤 이름이 어울릴까? 개인 카페라면 '북한산 제빵소', '은평 빵집' 같은 접근을 취해볼 수 있다. 물론 이런 접근은 어디까지나 추천하는 방식이다.

카페홈즈의 경우 홈즈라는 이름을 앞에 내세우면 기존에 있는 '홈즈'라는 브랜드, 구해줘 홈즈, 셜록 홈즈, 생활 브랜드 홈즈와 차별성을 달리할 수 없었다. 그렇기에 누구나 아는 보통 명사인 카페를 앞에 두고, 홈즈를 뒤에 붙였다. '카페홈즈'는 그렇게 탄생했다. 집처럼 편안한 카페, 그리고 집을 카페로 만들어주겠다는 배달의 매력도 포함하는 이름이 탄생한 것이다.

2. 메뉴 이름 : 먹음직스럽게 전략적으로 붙여라

'촉촉한 초코칩 쿠키'가 '초코 쿠키'보다 먹음직스럽다. '고기 2배 듬뿍 돼지국밥'이, '국밥 곱배기'보다 더 푸짐해보인다. '12가지 해물 가득 짬뽕'이 '짬뽕(특)'보다 푸짐해보인다.

카페홈즈는 '레몬 얼그레이 크림치즈 쿠키'를 팔고 있다. 조금 길게 느껴지지만, '레몬 쿠키'를 찾는 고객에게도 '얼그레이 쿠키'를 찾는 고객에게도 '크림치즈 쿠키'를 찾는 고객에게도 카페홈즈의 '레몬 얼그레이 크림치즈 쿠키'는 노출된다. 먹음직스럽고 전략적인 이름은 고객이 찾아오게끔 한다.

아이스아메리카노 한 잔을 배달로 시켜도 옵션에 '얼음 가득'이 있는 이유가 바로 이런 점이다. 당신의 메뉴에 특색이 있다면 그 특색을 이름에다가 붙여라. '초코 휘낭시에'를 누구보다 잘 만들었다면 그 다른 점을 메뉴 이름에 명시하라. 특징을 명시해도 좋고, 차별점을 명시해도 된다. '초코 휘낭시에' 보다 '촉촉한 초코 휘낭시에'가 맛있어 보이고, 생크림 케이크보다 '100% 수제 생크림 케이크'가 더 고급스러워 보인다. 말장난을 하라는 것이 아니라 차별점을 명확히 명시하라는 뜻이다. '내가 만든 디저트는 정말 다른데!'라고 속으로만 생각하고, 먹어본 사람이 알아봐주기만을 바라며 아무것도 알려주지 않는다면 아무도 주문하지 않는다.

당신이 만든 메뉴를 자랑하라는 것이 아니라 정확하게, 소비지에 와닿는 언어로 명시하라는 말이다.

3. 선택지를 좁혀주는 베스트 메뉴를 이름 붙여라

소비자들에게 선택지는 너무나 많다. 아니 무한하다. 점심에 커피 한 잔을 마시러 밖에 나가도 무수히 많은 커피 브랜드들이 있고, 그 커피 브랜드마다 너무나 많은 메뉴를 취급하고 있다. 점심에 커피 한 잔을 마시기 위해서도 선택의 피로가 발생한다. 이런 피로를 줄여주기 위해서 그리고 당신 가게의 매출을 증대시키기 위해서 할 수 있는 것이 바로 베스트(Best) 메뉴다.

배달 앱에서 식사를 메인으로 하는 식당만 찾아봐도 1인 혼밥 세트, 2인 세트. 커플 세트 등으로 기존에 있던 메뉴들을 조합해서 새로운 이름으로 판매를 하는 것을 볼 수 있다. 당신 카페의 디저트 세트, 마카롱 세트, 케이크 세트를 만들어라. 선택지를 좁히고, 그 안에서 다시 선택하게 하라. 객단가도 오르고, 주문도 오른다.

우리 가게 하면
떠오르는 것

가게의 월 매출이 1,000만 원, 2,000만 원 할 때는 기술의 영역이 더 크게 영향을 끼치는 듯하다. 그다음부터는 가게의 브랜딩과 대표님의 마인드가 더 크게 영향을 끼친다. 우리 가게 하면 떠오르는 것이 월 매출 6,000만 원의 진짜 비법인 이유가 여기에 있다. 이제부터는 기술의 영역이 아닌 대표의 마인드의 영역이기 때문이다. 과감하게 위임하고, 현명한 의사결정과, 명확한 방향성이 매출의 상승을 만들어낸다. 이제는 당신의 카페를 거인의 어깨에서 바라보며 질문할 차례다.

묻겠다. 당신의 가게 하면 떠오르는 것이 있는가. 콘셉트에 대해서도 이야기했고, 키워드에 관해서도 이야기했다. 이제는 있어야 한다. 없으면 다시 이장이 고민하는 계기가 되기를 바란다. 책을 읽고 시간이 지나면 지식은 사라져도 당신이 사유하는 태도는 습관으로 남는다. 당신의 가게를 향해 던지는 당신의 질문에 답을 구하려는 태도는 습관으로 남기를 바라며 질문을 던진다.

1. 사람

당신의 매장은 어떤 사람들로 붐볐으면 하는가? 고객에 관한 질문이다. '카페인데 그런 게 어딨어?'라고 생각한다면 틀렸다. 프랜차이즈 카페도 입지에 따라 오는 고객이 다르다. 당신이 아파트 근처에 카페를 차린다면 동네 주민들이 와서 담소를 나누는 장소가 될 것이고, 사무실 근처에 차린다면 회사원들로 북적이는 곳이 될 것이기 때문이다. 백화점 근처거나 안에 입점한다면 쇼핑객들이 쉬어가는 곳이 될 수 있다. 어떤 대상이 당신의 카페에 방문하기를 바라는가? 당신이 원하는 고객이 있는 곳으로 가거나(프랜차이즈), 당신이 원하는 고객이 당신의 카페로 오게 해야 할 것이 아닌가.

2. 메뉴

무엇을 팔 것인가? 커피는 당연하지만, 원두는 어디 것을 쓸 것인가? 디카페인 커피는? 음료의 크기는 어떻게 할 것인가? 가격은 어떻게 할 것인가? 프랜차이즈라면 대표 메뉴가 무엇인가? 개인 카페라면 당신 카페의 주메뉴는 무엇인가? 그 메뉴가 당신 매장에서만 먹을 수 있는가? 당신 매장만의 특색을 지니고 있는가? 없다면 이제는 만들어야 하지 않은가? 프랜차이즈도 끝없이 신메뉴를 만들어낸다. 나아가지 않는 프랜차이즈라면 선택하지 말고, 개인 카페라면 프랜차이즈보다 더 공부해야 한다. 당신이 프랜차이즈 본사의 CEO라고 생각하고 일하라. 월 매출이 6,000만 원이 넘는다는 것은 개인 카페가 지닌 한계를 넘어서겠다는 뜻이고, 프랜차이즈라면 입지의 장점을 극대화해 당신의 카페를 운영하겠다는 뜻이니까. 당신의 카페라면 떠오르는 메뉴를 만들어라. 홍보하라. 팔아라.

3. 매장 홀 상태와 분위기

홀이 있다면 좌석은 편안한가? 홀이 없다면 포장구매가 손쉬운가? 바닥은 깨끗한가? 매장의 노래는 어떤 노래가 나오고 있는가? 조명의 밝기는 어떠한가? 화장실이 있다면 청결한가? 테이블은 늘 깨끗이 유지되고 있는가? 파손되거나 손상된 비품은 없는가? 실내장식은 어떠한가? 전반적인 분위기가 당신이 원하는 고객들이 선호하는 분위기인가? 당신 카페에서만 먹어볼 수 있는 메뉴와 분위기는 일치하는가? 사람과 메뉴와 분위기가 모두 어울리는가?

4. 통일성과 개별성

매장은 전체적으로 통일성을 유지하고 있으면서 개별 고객들의 기대를 충족시킬 수 있는가? 이게 어렵다면 더 쉽게 풀어서 설명해보겠다.

후배가 운영하는 카페가 있다. 그 카페는 비건 베이커리를 지향하는 제과점 카페이며 비건 식품이라는 콘셉트로 여러 종류의 빵을 제공한다. 콘셉트의 통일성은 있지만, 개별적인 여러 종류의 빵을 취급하면서 개별 소비자들의 입맛을 완벽히 충족시킨다. 스타벅스는 쾌적한 서비스를 1인 창가 좌석, 2인 테이블이나 좌석, 단체석을 통해 몇 명이 방문하든 상관없이 쾌적한 서비스를 제공한다. 통일성을 갖추되 그 안에서 개별적인 특징을 지닌 유·무형의 서비스를 제공하고 있다. 카페홈즈는 쿠키 맛이 11가지가 넘는다. 배스킨라빈스는 아이스크림을 팔지만, 맛이 31가지다. 통일성은 있되 개성이 있는 개별성도 있다.

자! 당신의 카페를 이제 점검해보자. 어떤 사람들이 오는가? 어떤 메뉴를 파는가? 매장의 컨디션과 분위기는 어떤가? 통일성과 개별성은 갖추고 있는가? 특정 항목은 합격점을 줄 수 있지만 스스로 물어봤을 때 답이 나오지 않는 질문이 있다면 이제 찾으면 된다. 당신 카페 하면 떠오르는 것이 자신도 명확하지 않다면, 고객들은 더더욱 모른다.

영업이익을 더 많이 남기려면 이렇게 하자

매출과 영업이익은 다른 말이다. 2,000만 원 매출을 올려도 500만 원이 영업이익인 곳이 있고, 5,000만 원 매출을 올려도 300만 원이 영업이익인 곳도 있다. 물론 카페에서는 영업이익에 영향을 끼칠 수 있는 요소들이 제한적이다. 하지만 제한적이란 말을 통제할 수 있다는 뜻이다. 통제가 가능하다는 뜻은 당신의 의지와 노력에 따라서 영업이익을 늘릴 수 있다는 뜻이다.

이제 영업이익을 더 많이 남기기 위해 통제가 가능한 요소들을 살펴보려고 한다. 매출, 제조 원가, 재고, 인건비, 소모품 및 잡비, 관리비 정도가 그렇다. 그러면 여기서 당신이 영업이익을 늘리기 위해서 가장 먼저 접근해야 하는 항목은 무엇일까?

매출 ▲ 제조 원가 ▼

매출과 제조 원가 및 재고 관리다. 매출은 늘리고, 원가는 낮추는 접근을 해야 한다. 어떻게 매출과 원가를 늘리고 낮출 수 있을까?

아이러니하게도 매출과 원가는 서로 다른 개념이 아니다. 매출이 늘어나면 당신이 구매하는 모든 카페 관련 물품의 대량 구매가 가능해진다. 규모의 경제가 실현되는 것이다. 이것은 당신이 프랜차이즈 카페를 운영하든, 개인 카페를 운영하든 동일하다.

즉, 영업이익을 늘리기 위한 첫 번째는 매출의 성장이다. 외형 매출의 성장을 만들어야 코스트 싸움이 가능해지므로 외형 매출의 성장을 이끌어내야 한다. 카페에서 매출의 성장을 만들어 내기 위해서 할 수 있는 몇 개의 아주 실질적인 팁들이 있다. 실제로 카페홈즈 직영매장에서 충분한 테스트를 한 후 검증된 방법들만 소개한다. 유치하고, 간단하지만, 확실하다.

1. 선결제

출처 : 저자 작성

당신의 카페가 어디에 위치하든 해볼 수 있는 전략이다. 카페홈즈는 3만 원 이상 선결제 고객에게 10%의 포인트를 추가로 증정하는 마케팅을 진행했다.

오피스 주변에 있는 카페라면 회사원들이 단골이 되어 줄 것이고, 주택가라면 근처 주민들이 단골이 되어줄 것이다. 아이러니하게도 포인트를 다 쓰면 추가 충전을 하거나, 포인트를 다 쓰지 않더라도 선결제를 하는 고객이 상당히 많다.

2. 월 이벤트

카페홈즈는 초등학교 문방구에서 볼 수 있는 뽑기 이벤트를 진행했다. 5,000원 이상 주문 시 1회 뽑기를 증정했고, 1~5등까지 상품을 구성했다. 아이스아메리카노 한 잔에 1,500원인 것을 감안하면 뽑기에 참여하기 위해 유치하지만, 추가로 구매를 하는 고객들이 증가했다. 유치하지만, 확실한 방법이었다.

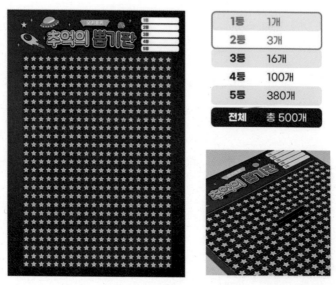

출처 : 저자 작성

3. 모형 제작 및 전시 + 시식

카페홈즈는 쿠키가 메인 디저트인 카페다. 그러나 쿠키를 쇼케이스에 전시하는 것 뿐만 아니라 모형을 만들어서 디피를 한 후 쿠키 판매가 일일 약 10% 이상 증가했다. 주력 메뉴인 쿠키가 만약 부서지거나 파손될 때는 시식용으로 고객들에게 맛보여 주기도 했다. 먹으면 살 것이라는 확신을 가지고 진행한

출처 : 저자 작성

시식 행사는 고객들이 추가 구매를 이끌어냈다. 파손되어 판매할 수 없는 쿠키는 더 큰 매출을 이끌어내는 미끼 역할을 톡톡히 해냈다.

이 외에도 더 많은 팁이 있지만, 매장마다 환경에 따라 적용할 수 있는 방법들이 다르므로 사장님의 치열한 고민이 필요하다. 이제는 원가 관리를 위한 아주 실무적인 지식을 전달하고자 한다.

원가에 대한 관리는 곧 제조 원가와 재고 관리로 이어진다. 당신 매장에서 제공되는 모든 음료 및 디저트들의 제조 원가를 확인하고 있는가? 아이스아메리카노 한 잔을 만드는 데 필요한 모든 부자재 및 원두의 가격을 체크하고 있는가? 그렇지 않다면 실제로 얼마가 남는지를 모르기 때문에 어림짐작 장사밖에 할 수가 없다.

사용하는 재료	아메리카노	꿀 아메리카노	바닐라 아메리카노	헤이즐넛 아메리카노	아인슈페너	카페라떼	카푸치노	커피 바닐라라떼
라벨리 아이스크림								
우유						513	513	513
20온즈 아이스컵	68	68	68	68	68	68	68	68
일자 스트로우	10	10	10	10	10	10	10	10
홀더	40	40	40	40	40	40	40	40
머그 리드					22			
돔 리드	23	23	23	23		23	23	23
종이컵	51	51	51	51	51	51	51	51
홀더	40	40	40	40	40	40	40	40
개폐 리드	22	22	22	22	22	22	22	22
합계 (ICE)	414	718	925	909	1,053	927	927	1,438
합계 (HOT)	386	690	897	881	1,026	899	899	1,410
테이크아웃 판매가	1,500	2,000	2,000	2,000	4,000	2,500	2,500	3,000
딜리버리 판매가	2,500	3,000	3,000	3,000	5,000	3,500	3,500	4,000
테이크아웃 원가율 (ICE)	27.6%	35.9%	46.3%	45.5%	26.3%	37.1%	37.1%	47.9%
딜리버리 원가율 (ICE)	16.6%	23.9%	30.8%	30.3%	21.1%	26.5%	26.5%	36.0%
테이크아웃 원가율 (HOT)	25.7%	34.5%	44.9%	44.1%	25.7%	36.0%	36.0%	47.0%

제조 원가

출처 : 저자 작성

재고는 어떠한가? 월말에 당신 매장에 다음 달 매장 운영을 위한 재고를 얼마나 보유하고 있는지 알고 있는가? 정확하게 각각의 품목들이 몇 개, 얼마 정도가 남아있는지 알고 있는가? 이 역시 모른다면 불필요한 발주 비용이 발생한다.

품명	규격	단위	주문거래처	주문(거래처)	합계금액(거래처)	단가	재고수량	재고액
(냉동) 슈_냉동망고 [1kg]	1kg*10ea/box	EA	카페홈즈 학동점	3	18,000	6,000	2	12,000
(냉동) 우양_뉴뜨레 냉동딸기 [가당/1kg]	1kg*15ea/box	EA	카페홈즈 학동점	48	264,000	5,500	14	77,000
(냉동) 라벨리_딜리셔스 바닐라맛 [5L]	5L*4ea/box	EA	카페홈즈 학동점	2	24,000	12,000		-
(냉장) 홍국_농축액 자몽 [1.5L]	1.5L*6ea/box	EA	카페홈즈 학동점	3	102,300	34,100	2	68,200
(냉장) 홍국_맘스리얼 베이스 레몬 [1kg]	1kg*12ea/box	EA	카페홈즈 학동점	6	127,380	21,230	2	42,460
(냉장) 홍국_맘스리얼 베이스 로얄밀크티 [1kg]	1kg*12ea/box	EA	카페홈즈 학동점	1	12,100	12,100	5	60,500
(냉장) 홍국_맘스리얼 베이스 유자 [1kg]	1kg*12ea/box	EA	카페홈즈 학동점	5	105,600	21,120	3	63,360
(냉장) 홍국_맘스리얼 베이스 청포도 [1kg]	1kg*12ea/box	EA	카페홈즈 학동점	4	83,600	20,900	2	41,800
(냉장) 카파_프로나 휘핑스프레이 [500g]	500g*12ea/box	EA	카페홈즈 학동점	18	75,240	4,180	10	41,800
(냉장) 올덴버거_휘핑크림 [1L]	1L*12ea/box	EA	카페홈즈 학동점	12	97,680	8,140	8	65,120
(냉동) 매일유업_매일 연유 (500g)	500g*12ea/box	EA	카페홈즈 학동점	14	46,200	3,300	1	3,300
PET컵 [920/20oz]	1000ea/box	BOX	카페홈즈 학동점	16	1,080,000	67,500	2	135,000

재고 관리

제조 원가와 재고 관리에 대한 엑셀 양식을 선물한다. 당신의 매장에서 내가 제공하는 제조 원가와 재고 관리 양식을 통해 영업이익에 대한 충분한 계산과 가게 현황을 직관적으로 파악할 수 있기를 바란다.

양식이 필요한 사람은 당신의 이름과 연락처를 나의 이메일(jinsu6778@naver.com)로 보내라. 이 책을 보고 구매한 선물로, 그 이상의 값어치에 해당하는 선물을 보내주겠다.

마케팅, 이 단어에
겁먹지 마라

마케팅이 무엇이라 생각하는가? 마케팅과 세일즈를 구분할 수 있는가? 마케팅은 고객을 설득해 당신 앞에, 당신 가게에 찾아오게 하는 것이다. 마케팅은 고객 설득 과정의 총체이고, 세일즈는 찾아온 고객에게 당신의 상품을 판매하는 것이다. 마케팅은 당신 가게 앞에 줄을 세우는 것이고, 세일즈는 줄을 선 고객에게 상품을 파는 것이다. 어렵게 느껴질수록 단순하게 생각하고 본질을 찾는 것이 중요하다.

카페에서 할 수 있는 마케팅이란 무엇일까? 마케팅이 무엇이라고 했는지 기억하는가. 고객을 설득해 당신 가게로 당신 찾아오게 하는 것, 다시 말하면 당신이 할 수 있는 모든 것이 마케팅될 수 있다는 뜻이다. 마케팅의 프레임을 씌우고 세상을 바라보면 그 모든 순간 모든 것이 마케팅이 된다. 잠시 이 장에서만큼은 마케터의 눈을 빌려 세상을 그리고 당신 카페를 바라보자.

1. 백문이 불여일견 마케팅

백 번 듣기보다 한 번 보는 것이 나으니 보여주라는 뜻이다. 당신이 여름철 시즌 신메뉴로 수박주스를 출시했다고 가정해보자. 그러면 이것을 어떻게 마케팅해야 할까? 프랜차이즈 카페라면 대문짝만한 배너를 출력해서 외부에 배치하고, 가격을 명시해놓으며, DID 모니터에도 띄우고, 키오스크 정면 이미지에도 수박주스를 보여줄 것이다. 주스 모형이라도 만들어서 이미지를 보여주고, 수박은 잘게 나눠서 오픈형 쇼케이스에 넣어놓아야 한다. 수박주스 1개로 할 수 있는 것이 이렇게 많다.

잠시 카페홈즈의 쿠키와 디저트(마카롱&스콘) 이미지를 보여주겠다. 그 전에 웹 사이트나 이미지를 검색할 수 있는 어떤 곳에든 '스모어 쿠키' 또는 '르뱅 쿠키'를 검색해보라. 배달의민족에 검색해보면 더욱 좋다. 다른 매장과 비교가 되니까.

카페홈즈 쿠키   출처 : 저자 작성

카페홈즈의 쿠키와 디저트류 이미지는 그 쿠키를 어떤 재료로 만들었는지를 직관적으로 보여주기 위해 마케팅적인 기획과 촬영에 리소스를 많이 투자했다. 마케팅을 대단한 것으로 생각한다면 그럴 필요 없다. 이런 것이 마케팅이다. 다른 쿠키와 디저트류보다 더 근사한 이미지를 보여주고 고객을 설득하는 것. 그래서 주문하게 만드는 것이다. 백문이 불여일견 마케팅이다.

2. 미끼 마케팅

낚시를 해본 적이 있는가? 낚시의 기본은 당신이 낚으려는 물고기가 좋아하는 미끼를 선정하는 것이다. 카페에서 미끼가 무슨 뜻인가 싶겠지만 근처 대형 빵집을 가봐라. 몇몇 시식용 빵을 진열해놓고 있지 않은가? 배스킨라빈스를 가봐라. 맛보기 스푼으로 몇 개의 아이스크림을 먹어볼 수 있지 않은가? 물론 여기에는 손해 보고 싶지 않은 인간의 심리를 건드리는 마케팅이 있지만, 그것보다 기본은 먹어보고 맛있으면 '산다'라는 뜻이다. 말인즉슨 가장 맛있는 것을 '조금' 제공하면 '더' 먹고 싶어진 고객은 구매한다는 뜻이다.

자주 가는 삼겹살 가게에서 이와 관련한 아주 근사한 마케팅을 하고 있다. 삼겹살을 2인분을 시키면 항정살을 몇 점 같이 구워준다. 그것도 마지막에. 항정살을 2인분을 시키면 삼겹살 반 줄을 마지막에 구워준다. 결국 삼겹살을 먹는 날에는 항정살을 더 먹고, 항정살을 먹는 날에는 삼겹살을 더 먹는다. 알고도 먹는다. 맛있어서.

이것이 마케팅이다. 손해를 보고 싶지 않은 심리를 정확히 건드리고, 무엇보다 먼저 먹어보고 후에 추가로 구매를 끌어내기 때문에 먹을 것을 파는 곳이라면 누구든 할 수 있는 마케팅이다.

카페홈즈는 시그니처 디저트 중 버터 골드바가 있다. 버터 골드바는 아주 작게 조금만 먹어봐도 그 풍미와 맛을 강렬하게 느낄 수 있기 때문에 시식용으로 고객들에게 맛보게 하면 그 반응이 굉장하다. 이쑤시개로 찍어 먹을 수 있을 만큼 작게 만들어도, 한 조각만 먹으면 1개 이상의 버터 골드바를 고개들이 구매한다. 카페&디저트 페어에 나갔을 당시 시식용으로 한 입씩 지나가는 사람에게 나누어주었고, 1시간에 100만 원씩 매출을 기록했다.

이것이 미끼다. 당신이 제공할 수 있는 가장 훌륭한 디저트, 객단가가 높은 디저트, 그날의 음료를 소분해서 제공해 봐라. 당신이 생각한 것 이상으로 굉장한 매출의 피드백이 돌아올 것이다.

3. 리뷰도 팔아라

배민, 쿠팡이츠, 요기요 등 카페든 어떤 가게든 배달 3사는 선택이 아닌 필수다. 이 3사에서의 싸움은 결국 리뷰 싸움이 될 확률이 높다. 고객은 손해를 보고 싶어 하지 않아 하고, 그 손해를 보고 싶어 하지 않는 심리는 리뷰로 연결된다. 다른 사람들이 남긴 리뷰를 보고, 그 리뷰 이미지를 보고, 그 리뷰 내용을 본다.

누군가는 리뷰를 돈 주고도 사려고 하는 이유가 여기에 있다. 그래서 사장님들은 리뷰 이벤트를 하고, 리뷰만 남겨도 무엇인가를 공짜로 준다. 그러지 마라. 리뷰도 팔아라. 그게 당신에게 무조건 이득이다. 리뷰를 팔라는 말은 무슨 뜻일까? 다행히도 카페는 원가가 아주 낮은 상품이 둘이나 있다. 통상 아이스아메리카노 또는 아이스티가 여기에 해당한다. 이 2가지 메뉴를 리뷰용으로 대표 메뉴로 설정해 팔아라. 100원이든 500원이든. 어차피 남들은 다 공짜로 주는 메뉴 아닌가. 그러니 당신은 팔아라.

남들은 다 공짜인데, 내가 100원이나 500원을 받으면 고객은 안 사는 것 아닌가 하고 생각한다면, 아니다. 대표 메뉴에, 가장 앞단에, 500원 리뷰 이벤트라고 명시해놓는다면 고객은 배달 앱에서 당신 가게에 들어와 가장 먼저 확인하는 메뉴가 100원이나 500원짜리 메뉴다.

고객에게는 리뷰 이벤트가 중요한 것이 아니라 100원이나 500원에 아이스아메리카노 또는 아이스티를 먹을 수 있다는 사실이 더 중요하다. 1개의 메뉴

카페홈즈 찜, 후기 약속 과 500원의 행복

하트와 글 남겨주기 약쏙 해주세요 ~ (1주문 1메뉴 선택)

[ICE 아메리카노]

/// 약속음료는 장바구니 1개만 가능해요 ///

500원

[HOT 아메리카노]

/// 약속음료는 장바구니 1개만 가능해요 ///

500원

[복숭아 아이스티]

/// 약속음료는 장바구니 1개만 가능해요 ///

500원

리뷰 이벤트   출처 : 저자 작성

를 담으면, 최소 주문금액을 채우기 위해서 이것저것 담기 시작할 테고 주문까지 이어진다. 남들은 공짜로 주는 리뷰를, 당신은 500원 메뉴로 파는 것이다. 아이러니하게도 공짜는 당연한데, 500원은 이득처럼 느껴진다. 사람이 그렇다.

마케팅이 이렇게나 간단하다. 고객의 시점으로 돌아가서 이득처럼 느껴지게, 혜택을 먼저 맛볼 수 있게끔 하는 것. 그래서 고객을 설득하는 것. 당신이 카페를 하지 않더라도 마케팅은 삶에서 빼놓을 수 없으니 쉽게 생각하라. 상대방을 설득하는 것. 보여주고, 미끼를 던지고, 리뷰로 확인까지 시키는 것. 끝.

내가 못 하면
전문가에게 맡겨라

모든 것을 혼자 다 할 수 있는 것은 능력이다. 그러나 모든 것을 혼자 다 하겠다는 것은 오만이다. 당신이 운영하려는 카페가 곧 당신이 되어서는 안 된다. 사장이 없어도 사장이 있는 것과 유사하게 운영되는 것이 당신이 궁극적으로 추구해야 할 가게의 방향성이다. 업종을 구분하고 반드시 당신이 없어도 가게가 돌아갈 수 있어야 한다. 이 부분이 사업과 장사를 구분 짓는 확실한 경계가 된다. 당신이 없어도 운영되는 시스템이 있다면 사업이고, 당신이 있어야만 돌아간다면 장사다. 백종원 대표가 없어도 더본코리아는 돌아가지만, 홍콩반점의 점주가 출근하지 않으면 그 매장은 며칠 가지 못하는 것과 같다.

규모와 상관없이 당신이 없어도 당신의 가게가 돌아가야 한다. 그렇게 하기 위해서는 두 가지 유형의 인재가 필요하다. 전문가와 관리자. 당신은 사업가이자 기업가가 되어야 한다. 좋은 의사결정, 방향성, 확장성에 신경 쓰고 그 의사결정을 지원하고 수행해줄 전문가와 관리자가 필요하다.

이 장에서는 전문가에 대해 다뤄보겠다. 카페에서는 어떤 전문가가 필요할까. 홈즈의 경우 최초 쿠키 레시피를 개발할 때 뚜레쥬르에서 10년 이상 일한

경력이 있는 파티쉐를 고용했다. 쿠키의 맛은 알지만, 제조는 몰랐기에 제조에 능한 사람을 전문가를 채용한 것이다.

카페홈즈 초기 쿠키 개발을 도와준 주광문 님과 아내 분
출처 : 저자 작성 _주광문 파티시에 제공

당신의 카페의 메인 콘셉트가 디저트 케이크라면 케이크 전문가가 필요하다. 케이크 전문가의 레시피, 제조 매뉴얼, 그리고 복사와 붙여넣기가 가능한 시스템까지 전문가에게 위임하라. 전문가를 통해 전문가가 없어도 만들어낼 수 있는 메뉴를 만들어라. 이 업무를 당신이 할 수 있다면 더욱 좋겠지만 사람이 모든 영역에 전문가가 될 수는 없다. 핵심 역량을 만들어낼 수 있는 전문가를 당신의 팀원으로, 직원으로 채용하는 것을 추천한다.

단, 유념해야 할 것이 있다. 전문가를 채용하고 전문가에게 맡겨도 그 역량을 당신 카페의 자산으로 만들 수 있어야 한다는 것이다. 전문가가 없으면 카페가 멈추거나, 전문가가 없을 때 퀄리티가 들쑥날쑥 한다면 그것은 올바른 업무의 위임이 아니다. 전문가를 통해야 하는 것은 전문적인 능력과 시스템이지 전문가라는 사람 그 자체가 아니다. 또한 능히 그 사람만이 할 수 있고, 그 사람이 아니면 안 되는 일이 카페에 있다면, 그것은 무엇인가 잘못된 것이다.

최소한 카페에서 전문가란 그가 할 수 있는 일을 매뉴얼화하고, 누구라도 동일하게 수행할 수 있도록 시스템을 만드는 사람을 의미한다.

이런 전문적인 역량은 음료나 디저트의 제조뿐만 아니라 다른 부분에서도 나타난다. 카페의 온라인 광고, 인테리어, 디자인, 촬영, 이벤트나 프로모션 기획 등. 당신이 생각하는 것보다 많은 영역에서 전문가의 도움이 필요하다. 당신이 이 모든 것을 혼자서 잘 해낼 수는 없다. 당신은 기업가로서 행동하고, 이 업무들은 전문가에게 위임하라.

다시 말하지만, 전문가라는 사람에게 위임하되, 핵심 역량은 당신 카페의 자산으로, 당신의 자산으로 남게끔 만들어야 함을 잊지 마라.

100이면 100,
다시 찾아오는 가게

쉽게 접근해보자. 당신이 자주 찾아가는 가게의 특징을 나열해보자. 맛이 좋다. 서비스가 좋다. 가성비가 좋다. 접근성이 뛰어나다. 선호하는 디저트를 제공한다 등이다. 대부분 긍정적인 감정의 총합이 50 이상일 때 우리는 다시 가고 싶어진다. 그렇게 자주 찾아가는 가게를 우리는 이렇게 부른다. '단골' 가게.

사장님 입장에서 자주 찾아오는 고객을 단골 고객이라고 하고, 고객일 때 자주 찾아가는 가게를 단골 가게라고 한다. 이제 당신이 사장님이 되었으니 해야 할 일은 당신이 고객일 때 찾아가던 단골 가게의 매력을 고객에게 전해주는 것이다.

즉, 100이면 100. 다시 찾아오는 가게는 단골을 만드는 방법에 관한 내용이다. 어떻게 하면 단골을 만들어낼 수 있을 것인가.

여기서 가장 중요한 점은 당신의 가게를 자주 찾는 단골이 당신이라는 사람의 인간적 매력도에 이끌려온다면 그건 안 된다는 점이다. 직원은 그래도 되나, 고객은 그래서는 안 된다. 당신이 없어도 당신 가게의 단골이 되어야 한다. 그래야 살아남고 번창하고 유지된다.

장사에서는 100-1=99가 아니라, 100-1=0이라는 말이 있다. 100번 잘해도 1번 실수하면 0. 즉, 다시는 안 온다. 끝이라는 이야기다. 그렇지만 또 이렇게 생각할 수도 있다. 1+1=3. 1명이 1명을 데리고 오면 또 1명이 추가로 올 수도 있다는 뜻이다. 생각해보라. 당신이 우연한 기회에 친구가 데리고 간 식당이 너무 맛있었다면, 당신은 그 가게에 또 누군가를 데리고 가지 않았던가? 입소문이 무섭고, 빠르고, 확실한 이유가 여기에 있다.

그렇다. 단골을 만드는 비법이 여기에 있다. 단 1명에게 '공정하게' 최선을 다할 것. 너무나 당연한 말이지만 이 원칙이 어겨지기 때문에 단골이 생기지 않고, 고객을 잃고, 매출이 발생하지 않는다.

예를 들어보자. 10명의 고객이 들어와서 음료를 단체로 주문했다. 그리고 동시에 1명의 고객이 들어와서 아이스아메리카노를 주문했다. 당신이라면 어떻게 하겠는가? 10잔의 음료와 디저트가 객단가가 더 높으니 먼저 만들어야 하는가? 아니면 1명의 고객 음료를 먼저 만들어서 기다리는 시간을 최소화하게 해줘야 하는가.

1명의 고객이 10잔을 주문했다면 이야기는 또 어떻게 되는가? 이런 상황은 비일비재하게 발생한다. 중요한 것은 고객 관점에서 부당함이 느껴지지 않아야 한다는 점이다. 그리고 동등한 대우를 받고 있다는 느낌을 받아야 한다. 가게의 원칙이 있다면 그 원칙을 지켜지는 모습을 보여주어야 한다. 1잔을 시키든 10잔을 시키든 같다. 당신이 10명의 고객 음료를 먼저 만들든, 1명의 고객 음료를 먼저 만들어주든 상관없다.

누구나 동등한 대우를 받는다는 느낌을 모두에게 줄 수 있어야 한다. 누군가를 특별하게 대한다고 해서 단골이 되는 것이 아니다. 고객이 기대하는 것은 서비스와 퀄리티의 동일성과 균등함이지 '한순간의 특별함'이 아니다. 언제가도 항상 그 자리에 있을 것 같은 맛과 서비스가 우리를 단골로 만든다. 특별함은 고객이 가게에 매기는 가치이지, 사장이 주어서는 안 되는 것이다. 그것도 특정 고객에게는 더더욱 안 된다. 모두에게 특별하거나, 모두에게 특별하지 않아야 한다. 모두에게 특별하려면 당신이 항상 카페에 있어야 한다. 그럴 수 없다면 모두에게 특별함을 포기하라. 대신 모두에게 균등함과 공정함을 제공하라.

그것이 단골을 만드는 길이다. 폼은 일시적이지만 클래스는 영원하다는 말은 스포츠 스타에게만 해당하는 말이 아니다. 당신이 하는 가게가 어떨 때는 친절하고, 어떨 때는 불친절한 것보다 늘 불친절한 것이 낫다. 정말이다. 한결같아야 욕쟁이 할머니 국밥처럼 유명해질 기회라도 있다.

들쑥날쑥한 퀄리티와 서비스는 아무것도 될 수 없다. 그래서 유지가 어렵고, 성공은 달성보다 유지라는 말이 있는 것이다. 당신의 카페가 잠깐 반짝하기보다는 늘 은은하더라도 빛나기를 바란다. 그곳이 프랜차이즈 카페든 개인 카페든 늘 그 자리에서 한결같기를 바란다.

Part 5

돈

10만 원 아끼려다가
100만 원 잃는다

돈 : 사물의 가치를 나타내며, 상품의 교환을 매개하고, 재산 축적의 대상으로도 사용하는 물건

매출을 올리는 필살기 :
그거 아까워서 어떻게 돈을 벌까?

장사와 관련된 재미있는 이야기가 있다. 한 고깃집에서 근무하는 아르바이트생이 사장님이 너무 미운 나머지 가게가 망하기를 바라며 고객들에게 상추든 깻잎이든 무조건 넉넉하게 담아주고, 고기도 서비스로 1인분을 더 주고, 반찬도 더 달라고 하면 듬뿍 담아주고 공깃밥도 서비스로 내주었더니 장사가 대박이 터졌다는 이야기다.

물론 이 이야기는 어쩌면 그저 흔한 농담일 수도 있고, 웃자고 지어낸 허구일 수도 있다. 부디, 그냥 웃으며 들어주기를 바란다. 그러나 이 이야기에는 장사에 대한 아주 중요한 교훈이 들어 있다. 당신은 당신의 가게에 방문하는 또는 배달로 주문하는 고객에게 무엇을 더 줄 수 있는지 고민해본 적이 있는가?

리뷰 이벤트로 이미 커피도 더 주는데, 이것저것 빼고 나면 남는 것도 없다고 생각이 든다면 더 이상 할 말이 없다. 유형의 무엇을 반드시 주란 것이 아니기 때문이다. 물론 유형의 상품이라면 더 좋겠지만 그게 무엇이든 간에 고객 관점에서 '와, 여긴 이런 것도 챙겨줘?' 는 생각이 드는 무엇인가를 고민하고 건네본 적이 있느냐는 말이다.

카페홈즈 이야기를 하기 전에 생각의 틀을 좀 더 넓혀 다른 가게 이야기해 보겠다. 나는 수제 버거를 좋아한다. 프랜차이즈 버거도 좋지만 수제 버거는 그 집만의 고집이나 사장님만의 레시피를 먹어볼 수 있어서 좋다. 가끔 신규 매장이 생기면 가서 먹어보거나 시켜서 먹어보는 편이다. 그러다 특정 매장에서 배달을 시켜 먹었던 날 깜짝 놀라 감동한 적이 있다. 수제 버거를 시키자 머리끈, 일회용 앞치마, 일회용 장갑 이렇게 3종이 작은 플라스틱통에 담겨서 같이 온 것이다. 그리고 작게 프린트된 종이에 이렇게 적혀 있었다.

"수제 버거를 먹는 그 순간까지 신경 썼습니다. 육즙이 가득 넘쳐흐를 수 있으니 앞치마를 하시고, 혹시 신경 쓰이신다면 위생장갑도 끼시고, 여성분이시라면 머리도 질끈 묶고 편하게 드세요. :)"

3개를 다 합쳐도 200~300원이다. 나는 사장님이 수제 버거에 얼마나 진심인지 그리고 고객에게 단 하나의 가치라도 더 전하기 위해 얼마나 고민했는지를 그 3종 용품을 보며 단번에 알 수 있었다. 그리고 맛도 좋았다. 깔끔하게 먹을 수 있다 보니 맛에만 오롯이 집중할 수 있게 되었고, 그 정성이 감동이어서 리뷰도 좋게 남겼다.

지금 그 매장은 내가 있는 지역에서 동네 1~2위 배달을 다투고 있다. 치열한 버거 시장에서 프랜차이즈를 제치고 1~2등을 당당히 하고 있다. 이게 필살기다.

무엇인가를 더 주라고 하면 사장님들은 '서비스'는 이미 충분하다고 생각한다. 내가 말하는 것은 그런 것이 아니다. 고객의 관점에서 지금 당신이 제공하는 메뉴나 음료를 즐기려면 무엇이 더 필요한가를 생각해보고 같이 제공하란 뜻이다. 최소한 고민이라도 해보란 뜻이다.

카페홈즈는 쿠키를 시키는 고객들에게 쿠키를 맛있게 먹는 팁을 같이 보냈다.

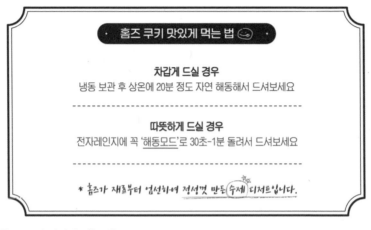

홈즈 쿠키 맛있게 먹는 법   출처 : 저자 작성

"차갑게 먹는 것이 가장 맛있지만, 따뜻하게 먹고 싶다면 '해동 모드로 30초'를 돌리시면 좋습니다"라는 문구를 명함 크기의 카드로 만들어서 꼭 같이 보내주었다. 간혹 "차갑게 쿠키가 오면 갓 만들어진 쿠키라서 따뜻해야 하는 거 아니에요?"라고 묻거나, 따뜻하게 먹기 위해 전자레인지에 오버쿡을 해서 쿠키를 망쳐 속상해하시는 분들이 있었기 때문이다.

쿠키를 맛있게 먹는 팁을 1장 만드는 비용은 100원 정도다. 그러나 그 100원도 안 되는 명함 1장으로 고객들은 쿠키에 진심인 곳으로 카페홈즈를 기억하고 감동하고 추천하고 재주문한다.

리뷰 이벤트, 아메리카노 서비스. 이런 것을 말하는 것이 아님을 이제는 당신이 알기를 바라며, 이런 것에 돈은 아까워하지 않기를 바란다. 진짜로 돈 얼마 드는 일이 아니니까, 고객의 입장에서 생각해보고 어떻게 하면 그 메뉴를 더 맛있게 더 쾌적하게 즐길 수 있을지를 생각해보라. 그것이 당신 가게만의 필살기가 되어줄 것이다.

의사결정의 3요소 :
왜? 어떻게? 무엇을?

당신은 앞으로 수많은 '의사'결정을 해야만 한다. 그럴 때 의사결정을 도와줄 선택 도구를 알려주겠다. 이 의사결정 도구는 사이먼 시넥(Simon Sinek)의 골든 서클 이론을 쉽게 설명하는 것을 목적으로 한다. 유튜브 영상이 궁금하다면, 'Simon Seinek Golden Circel'을 검색해보도록 해라. 당신이 앞으로 살아가면서 의사 선택하는 모든 순간에 훌륭한 나침반이 되어줄 것이다.

우리는 보통 '무엇'을 한다. 때때로 그 무엇을 '어떻게' 하면 잘할 수 있을지 고민하거나 연구한다. 그리고 아주 드물게 그 일을 '왜' 해야 하는지를 자문하거나 타인에게 설명한다.

조금 더 쉽게 접근해보자.

1. 무엇 – What : 커피를 만든다.
2. 어떻게 - How : 좋은 원두와 머신으로 균등한 맛을 낸다.
3. 왜 - Why : 여기는 당신이 답해야 할 곳이다. 그래, 왜 그렇게 커피를 만

드는가? 이곳이 핵심 가치에 대해 답해야만 하는 영역이다.

다른 예를 들어보자. 조금 더 쉽게 이성과의 데이트를 기준으로 설명해보겠다.

1. 무엇 - What : 데이트를 한다.
2. 어떻게 - How : 근사하게 차려입고, 정해진 코스를, 사랑하는 연인과
3. 왜 - Why : 왜, 그 사람과 데이트를 하는가?

또 다른 예를 들어보자. 이제는 정답을 알려주고 접근하겠다. 골든서클 이론을 만든 시넥은 혁신적인 기업 애플을 예로 든다.

1. 왜 - Why : 우리는 혁신을 추구하고, 혁신의 가치에 도전합니다(핵심 가치).
2. 어떻게 - How : 그래서 그 혁신적인 가치를 혁신이 없던 디바이스에 적용하고 세상에 선보입니다(핵심 가치를 표현하는 방법).
3. 무엇 - What : 이것은 아이폰입니다(그 결과).

이게 애플이 의사결정을 하는 방식, 타인에게 영감을 주는 방식, 세상을 변화시키는 방식이다. 세상을 바라보고 영향을 끼치는 순서와 방식이 다르다. Why에서 시작해서 What으로 향한다. 그러나, 절대다수의 사람들은 순서도 반대로, 그마저도 심지어 What - How까지만 한다. 또는 그냥 아무 이유 없이 '무엇'을 한다. 때때로 그중 몇몇은 어떻게 하면 '무엇'을 잘할 수 있을지를 고민하고 실천한다. 그리고 아주 아주 드물게 그 일을 '왜' 해야 하는지를 스스로 알고, 타인에게도 설명할 수 있다.

아직 이해되지 않아도 괜찮다. 이제는 당신의 카페로 들어가서 당신 가게의 아르바이트생, 직원, 매니저를 보라. 그들에게 일을 시킬 때 당신의 모습도 보라. 당신은 그들에게 그 일을(무엇 : What) 알려준다. 당신의 직원은 그 일을 어떻게 할지 물어보기도 하고, 스스로 어떻게를 고민하기도 하고, 또는 알려준 그 무엇의 일만 할 수도 있다. 그리고, 아주 드물게 당신이 무엇만 알려주었을 뿐인데 그 무엇을 사장님이 시킨 이유(Why)가 무엇일까를 고민하고, 어떻게(How) 하는 것이 가장 효율적일지를 고민해 무엇(What)을 하는 친구들도 있을 것이다.

그런 직원은 반드시 곁에 두어라. 그 전에 당신은 당신의 직원에게 항상 Why를 설명할 수 있어야만 한다. 당신이 의사결정을 내릴 때는 항상 Why에 대해 답할 수 있어야 한다. 그리고 그 Why를 어떻게(How) 접근해서 무엇(What)을 해야 할지 정해야 한다.

예를 더 들어보겠다. 점심시간에 고객이 몰려서 불편을 겪는 고객들이 많아졌다. 당신은 이 상황에서 어떤 의사결정을 할 수 있을까. 우선 왜 고객들이 불편을 겪을까(Why)?를 생각해보는 것이다.

Why? 고객이 몰리는 시간대에 주문 접수 시간이 길어져 이탈하는 고객이 발생하고, 편의성이 떨어진다. 내 카페에서 나는 고객들에게 '늘 편한 곳' 이란 가치를 주고 싶은데, 그 핵심 가치가 지켜지고 있지 않다.

How? 키오스크를 설치하는 것이 최선일까? 선 주문을 받게 하는 것은 어떨까? 키오스크를 설치한다면 '늘 편한 곳'이란 가치를 주기 위해 결제가 아주 간단해야 할 텐데, 애플 페이가 되는 키오스크는 없나? 라는 고민을 한다.

What? 키오스크 회사별로 전화해서 알아보고, 키오스크를 설치하자. 애플 페이가 가능하고, 결제가 간편해서, 고객들이 '늘 편한 곳'이란 가치를 느낄 수 있는 키오스크를 설치하자.

문제에 접근할 때도 Why로 시작하라. 당신이 제공하고자 하는 핵심 가치를 살피고, 고객의 입장에서 지켜지고 있지 않은 핵심 가치를 살펴라. 애플은 어디서도 혁신의 가치를 발견할 수 있고, 제공하고 있다. 카페홈즈 마곡점(직영본점)은 빌딩 복도 쪽 한 면에 키오스크가 삽입되어 있다.

카페홈즈 복도 키오스크   출처 : 저자 작성

Why? 우리는 고객이 편리하고, 간편하게 우리의 음료를 즐기길 원해. 그런데 왜, 상가의 입구는 2곳인데, 1곳에서만 결제를 할 수 있을까. 테이크아웃 카페의 핵심 가치인 결제와 음료 픽업의 편리함과 간편성을 다른 입구에서도 느끼게 할 수 없을까?

How? 그럼 어떻게 해야 하지? 그냥 복도 쪽에도 입구를 하나 더 만들까? 그렇지만 복도에 카페 출입구를 만들어도 입장 후 주문까지는 시간이 걸리고, 엘리베이터에 타기 직전에 간편하게 주문하고 싶은 고객이 있을 거야. 카페홈즈가 제공하고자 하는 핵심 가치인 '편리함'에 관점에서 바라보면 상가의 뒷면도 활용할 수 있지 않을까?

What? 복도면을 인테리어 해서 키오스크를 중간 삽입하고, 픽업대만 만들어서 고객들이 편리하게 주문하고 받아갈 수 있게 하자.

Why? How? What?의 관점으로 의사결정을 하라. 당신의 핵심 가치를 스스로에게 설명할 수 있고, 타인에게도 말할 수 있는 사람이 되라. 그때 How와 What은 따라온다.

가게 광고,
이때 시작하라

가게 광고는 언제 시작하는 것이 맞을까? 광고비는 얼마가 적당할까? 광고는 언제 지속할 수 있을까? 개인 사업자라면 광고는 여지없이 어려운 영역이다.

또한 선택해야 할 광고도 너무나 많다. 수많은 네이버 공식 광고대행사를 빙자한 업체들의 전화로 네이버 광고가 무엇인지는 알게 되었는데 어떤 영역에, 어떻게 노출되는지 얼마를 써야 할지 모른다.

배달의민족 오픈리스트, 배민1, 울트라콜 광고도 마찬가지다. 대체 얼마를 어떻게 써야 하는지, 내가 지금 하는 광고로 인해 매출만 일어나고 영업이익은 남고 있는 건지 알 수도 없다. 그래서 이 장에서는 확실한 선택의 기준 한 개의 기준만 알려주려고 한다. 언제 광고를 해야 하고, 지속해야 하는지에 대한 기준이다.

1. 영업이익 → (크거나 같다) 광고 비용 구간에서 광고를 지속한다.
2. 금액과 상관없이, 내가 아는 가장 효율적인 매체에 투자한다.

각 영역에 대해 자세한 설명을 해주겠다. 1번. 영업이익이 광고비용보다 클 때 광고를 지속하고 시작해야 한다. 말인즉슨 당신이 특정 광고 매체에 10만 원을 투자했다. 연관 매출이 30만 원 정도 발생했고 수수료와 각종 비용을 제외하니 1만 원의 영업이익이 발생했다.

다수의 사업자가 위와 같은 상황을 맞이하면 광고를 중단한다. 1만 원 벌자고 이렇게 바쁘고, 돈 쓰고, 신경을 쓸 일이 아니라고 판단하기 때문이다. 고맙다. 이런 판단 덕분에 나는 광고비를 더 투자할 수 있다. 1만 원 남았기에 다음 달은 아마 20만 원을 광고비에 투자해볼 것이고 3만 원이 남을 것이다. 그러면 다음 달은 50만 원을 투자해볼 것이다. 아마 10만 원 이상은 영업이익이 남을 것이다.

정리하자면 이러하다. 단돈 1,000원이라도 영업이익이 남는다면 광고를 지속하거나 확대하라. 다수의 사업자가 중단하거나, 유지하는 선에서 멈춘다. 그러니 앞서나가는 구간에는 당신만 있거나, 중단한 사업자들로 인해 당신이 더 많은 노출 기회를 가져간다. 승자가 모든 것을 가져가는 구조가 이렇게 만들어진다.

물론 '적정'광고 비용의 구간은 찾아야만 한다.
예를 들어보겠다.

10만 원 광고 비용 지출 → 1만 원 영업이익
30만 원 광고 비용 지출 → 5만 원 영업이익
50만 원 광고 비용 지출 → 20만 원 영업이익

·

·

.

.

150만 원 광고 비용 지출 → 300만 원 영업이익

200만 원 광고 비용 지출 → 300만 원 영업이익

특정 플랫폼 또는 매체에서 비용 대비 영업이익에서 이런 구간이 만들어진다면, 당신 사업체의 적정 광고 비용은 150~200만 원 사이다.

2번에서 말하는 금액과 상관없이 당신이 아는 가장 효율적인 매체에 투자하라는 말것은 이런 의미다. 만약 특정 TV매체에서 이런 제안이 왔다고 가정하자.

"사장님 500만 원 정도 광고비를 내시면 저희가 사장님 업체를 맛집 주제로 방송을 찍어서 송출시켜 드릴게요."

당신은 당연히 고민이 될 것이다. "500만 원에 TV 출연을 할까 말까?" 하고 말이다.

고민의 방향도 질문도 틀렸다. 고민은 이렇게 해야 한다. 500만 원을 광고비로 투자할 수 있다면 TV매체에 500만 원 전액을 투자하는 데 가장 효율적인가다.

500만 원을 세분화해서 온라인, 인스타그램, 유튜버 섭외 및 촬영, 배민 깃발 추가를 해볼 것인가. 500만 원어치의 신규 인테리어 또는 키오스크 추가 도입, 500만 원 상당의 프로모션 이벤트, 500만 원어치 배달 무료 이벤트 등 500만 원을 투자할 때 어떤 것이 가장 효율적인가를 생각해야 한다.

즉, 금액과 상관없 그 금액을 당신이 아는 가장 효율적인 광고 매체의 조합, 광고에 투자하는 것이게 옳다. 물론 진행해보지 않은 광고에 대해서는 그 효율성을 검증해 볼 수 없지만, 타인의 정보와 후기를 들을 수 있는 시대에 살고 있지 않은가.

당신이 가려는 길을 먼저 가본 사람이 항상 있다. 여기 나도 있다.

1년에 4,000만 원
더 파는 방법

1년에 4,000만 원을 더 판다니 어마어마하지 않은가? 남들 연봉만큼 당신의 매장에서 더 파는 방법이 있다는 것이. 아마, 이것을 알기 위해서 당신은 이책을 구매할지도 모른다. 진짜 방법과 왜 그게 가능한지와 어떻게 하는지를 알려줄 것이기 때문이다.

우선 1년에 4,000만 원 더 팔려면 월 300만 원 정도는 더 팔아야 한다. 월 300만 원 정도를 더 팔려면 일 10만 원 정도는 더 팔아야 한다. 일 10만 원 정도를 더 팔려면 시간당 1만 원 정도(하루 10시간 이상 영업 기준)를 더 팔아야 한다.

좋다. 아주 간단해졌다. 하루 1시간 1만 원만 더 팔면, 당신은 연 4,000만 원 정도는 더 팔 수 있다는 뜻이다.

이제 생각해보자. 당신 매장에서 1시간에 1만 원 정도만 더 파는 방법을. 정답은 '고객이 찾아올 수 있게 하라'다. 다시 한 번 말한다. '찾아오게 하라.' 1만 원을 들고 당신 가게에 찾아오게 하라.

또 생각해보자. 어떻게 해야 찾아오게 할 수 있을까? 아니, 사람들은 특정 가게를 어떻게 찾아갈까? 당신은 어떤 가게를 어떻게 찾아가는가? 아마 검색을 할 것이다. 대부분 네이버, 조금 더 젊은 세대라면 인스타그램과 유튜브를 검색 채널로 활용한다.

점점 더 선명해지고 있다. 사람들은 어딜 가든 검색해본다. 손해를 보기 싫은 심리가 작용하기 때문이다. 타인의 리뷰, 타인의 방문 후기를 보며 돈 1만 원을 쓰더라도 손해를 보고 싶지 않기 때문이다.

그러면 당신은 사람들이 검색하는 경로(네이버, 인스타그램, 유튜브)에 당신의 가게를 원하는 '키워드(Part 3. 우리 가게의 키워드는 무엇인가?)'에 노출하면 된다. 끝났다.

너무 간단한가? 그렇다면 묻겠다. 지금 하고 있는가? 또는 할 예정이었는가? 당신의 카페가 '강릉'에 있다고 가정해보자. 강릉에 놀러 가는 외지인들은 강릉의 세부 지역명을 모르기 때문에 '강릉카페'라고 검색할 확률이 가장 높다.

강릉카페라고 검색한 후(네이버, 인스타그램, 유튜브 등) 가장 먼저 피오르는 몇몇 카페를 살펴볼 것이다. 메뉴 이미지를 볼 것이고, 영수증 리뷰, 블로그 방문 후기를 살펴볼 것이다.

여기서 사람들은 본인들의 마음에 들면서 후기가 좋은 곳을 선정하고 찾아간다.

연관키워드 조회 결과 (150개)		월간검색수 ⑦	
전체추가	연관키워드 ⑦ ⇕	PC ⇕	모바일 ⇕
추가	강릉카페	5,690	54,700

강릉 카페 검색 결과 : 월간 검색량 약 60,000건   출처 : 저자 작성

고객의 눈에서 카페를 찾는 경로상에 당신의 카페가 있기만 하다면, 최소

한 찾아가야 할 리스트에 들어간다는 뜻이다.

강릉카페만 봐도 월간 검색량이 60,000건에 달한다. 60,000명까지는 아니고, 중복으로 검색해보는 사람이 있다고 참작하더라도 하루 약 1,000명 이상이 강릉카페를 가려고 검색해본다는 뜻이다. 이 중 1%인 10명만 당신 카페에 찾아올 수 있게 한다면, 그리고 그 사람들이 1만 원씩 당신 카페에서 구매한다면 연 4,000만 원 추가 매출을 올릴 수 있다.

지금 당장 네이버에 들어가서 '강릉카페'를 검색해봐라. 노출되는 위치를 확인하고, 노출되는 블로그를 확인하라. 그곳에 당신의 카페 또한 드러내면 된다. 소상공인들을 위해 네이버에서는 '네이버 스마트플레이스(https://smartplace.naver.com)' 광고를 일부 무료로 지원하기도 하니 안 할 이유가 없다.

상당한 팁을 주자면 네이버 스마트플레이스 회원가입 후, 당신의 카페에 대한 상세한 정보를 배달의민족 앱처럼 모든 탭을 빠짐없이 채워 넣어라, 모든 영수증과 구매 후기에 답글을 달고, 당신이 선정한 '키워드'에 걸맞은 이미지와 글들로 정보를 채워 넣어라. 당신 카페가 당신이 의도하며 고객들이 찾는 키워드에 우선 노출될 것이다.

추가로 당신이 선정한 '키워드'에 맞는 블로그 체험단도 진행하라. 리뷰노트(블로거 및 인스타그램 인플루언서 일부 무료), 파블로 체험단(블로거 1인당 4,000원) 등을 활용해 블로거를 모집해 고객들이 검색하는 경로상에 블로거들의 후기 또한 드러내라. 강릉카페를 검색했을 경우 네이버 스마트플레이스에도 당신의 카페가 노출되고, 후기도 좋고, 블로거들의 방문 후기까지 포스팅되어 있다면 설득은 끝났다. 당신의 카페로 찾아오는 고객들에게 1만 원 이상의 값어치를 전달하는 것은 당신의 몫이다.

이것이 연 4,000만 원, 월 300만 원, 하루 10만 원 이상 더 파는 팁이다. 각각의 더 자세한 방법론이 궁금하다면 언제든 블로그에 방문해도 좋고, 개인적으로 이메일을 보내도 좋다. 단, 당신의 카페가 기본을 갖추고 있을 경우다. 1만 원어치의 만족을 줄 수 없는 카페거나 가게라면 기본을 쌓고 오라.

객단가를 올리는
꿀팁

당신이 어떤 업종이든 객단가는 올릴 수 있다. 판매 가격을 올리는 것이 아니라 주문 평균 객단가를 올릴 수 있다는 뜻이다. 기본적으로 사람은 누구나 합리적인 소비를 지향한다. 부자도 합리적인 소비를 한다. 우리가 보기에나 비싸고, 비합리적으로 보일 뿐. 여기에는 우리가 반드시 알고 가야 할 심리가 있다. 사람은 손해를 보는 것을 싫어한다는 것이다.

홈쇼핑에서 "오늘 하루만, 지금 이 방송에서만!"이라고 외치는 이유는 무엇일까? 지금 이 방송을 통해서 구매하지 않으면 당신이 손해라는 마음이 들게 하기 위해서다. "단독 특가! 기간 한정 세일! 오늘이 마지막!"이라는 모든 문구의 본질은 같다. 손해를 보기 싫어하는 사람의 심리를 건드리는 것이다.

객단가를 올리는 방법도 본질적으로 같다. 손해를 보기 싫어하는 사람의 심리를 건드려라. 묶고, 추가로 할인하고, 상위 혜택을 제공하라.

이 3가지 방법을 순차적으로 알아보자.

1. 묶어라. 2개를 팔지 말고, 1+1로 팔아라

2개 2,900원과 1+1 2,900원. 당신은 무엇이 더 매력적으로 느껴지는가? 2

개 2,900원은 당연한 가격 같지만 1+1 2,900원은 2,900원이 정가인데 1개를 덤으로 받는 기분이지 않은가? 편의점에 가봐라. 무수한 1+1 상품과 2+1 상품을 발견할 수 있다. 알고도 산다. 기간 한정 1+1, 2+1 상품은 안 사면 손해라고 생각하기 때문이다. 말이 안 되지 않는가? 안 사면 손해라니. 사는 순간 당신은 돈을 내므로 업체에 이득인데, 안 사면 손해라고 생각한다.

자, 이제 이 기법을 당신의 카페에 당신의 가게에 적용해보자. 디저트와 음료를 묶고, 음료를 3개 묶어서 1잔을 무료로 증정하고, 시즌 음료 정가 5,000원을 1+1, 8,900원에 팔아라.

수박주스 1잔, 아이스아메리카노 1잔을 사러 온 친구가. 1+1 수박주스를 보고 7,000원 쓸 비용을 8,900원 쓴다. 당신은 1,900원의 매출을 더 올렸고,

---

가을가을 9월 홈즈 고객행사

가을이 와써효 „ 호로록 감성충전

아메리카노 [3+1]

온도 교차 주문 원하시면 요청사항에 남겨주세요
ex) 2잔 아이스 ,2잔 얼음 빼고

홈즈커피를 합리적으로 : **9,400원**

카페라떼 [3+1]

1600원 더 저렴합니다 :)
온도 교차 주문 원하시면 요청사항에 남겨주세...

카페라떼 [3+1] : **12,400원**

홈다방커피 [3+1]

카페인과 당을 한번에 충전 가능한 홈즈만의 커피:) 온도 교차 주문 원하시면 요청사항에 남겨주세요...

14,400원

인기 ⚡ □□배달비무료□□ 홈즈
크로플SET

아메리카노 + 플레인크로플(기본 2개)...

9,500원

사장님 추천

홈즈 수제쿠키 세트

아메리카노 + 수제쿠키 2개

9,900원

사장님 추천

홈즈 마카롱 세트

아메리카노 + 마카롱 2개

8,000원

출처 : 저자 작성

고객은 1+1 이벤트로 평소보다 1,100원 저렴하게 음료를 구매했다.

당신도 행복하고, 고객도 행복한 모두가 행복하며 돈을 버는 구조가 이렇게 완성된다. 다시 말한다. 묶어서 팔아라. 당신에게도 고객에게도 모두에게 이득이다. 카페홈즈는 이런 세트 구성을 늘 마련해놓고 있다.

2. 추가로 증정하거나, 추가로 할인해 판매하거나

마트에 가서 보면 추가 증정품이 그렇게나 많다. 왜인지 평소 쓰던 제품보다 추가로 증정하는 품목이 있다면 괜스레 눈이 더 간다. 샴푸를 구매하는데 린스를 추가로 증정하면 안 쓰던 제품이라도 사보게 된다. 유산균 음료는 5개 묶음에 1개가 더 묶여 있지 않으면 서운할 지경이다.

2개를 사면 1개를 더 준다고 하면 1개는 못 산다. 2개는 20% 할인인데 3개부터는 30% 할인이라고 하면 3개를 사는 게 당연하지 않은가? 안 사면 '손해'인데. 다시 말하지만 기본 심리는 '안 사면 손해'라는 마음을 움직이는 것이다.

당신의 가게에서 추가로 증정하거나 추가로 할인해 판매할 것들을 찾아라. 음료 구매 후 디저트류를 구매하면 500원 추가 할인하거나. 디저트류를 10,000원 이상 구매 시 아이스 아메리카노 1잔을 무료로 주거나. 무엇이든 고객에게 이렇게 안 사면 손해라는 마음이 들도록 해라.

당신도 행복하고, 고객도 행복하다. 추가로 증정하거나, 추가로 세일하거나.

3. 상위 혜택 제공

10,000원 이상 5% 할인 20,000원 이상 10% 할인.

고객이 원래 구매하려는 금액은 16,000원이다. 고객은 어떤 생각을 할까? 아마 이럴 것이다. '4,000원만 더 사면 10% 할인인데, 더 안 사는 게 손해인데?'

더 안 사면 손해라는 생각은 16,000원 살 것도 20,000원 사게 만든다.

배달 앱에서 이런 금액 구간당 혜택을 차등적으로 적용하는 것은 상당한 도움이 된다. 결국 높은 구매 객단가로 주문이 들어와야 당신에게 더 많은 영업이익이 남는다. 더 많이 사는 고객에게 더 많은 혜택을 주는 것은 당연하다. 그게 고객에게도 당신에게도 이득이다.

지금 당신의 카페를 살펴보고 객단가를 파악해봐라. 그리고 묶고, 추가로 제공하고, 상위 혜택을 제공해본 뒤 객단가를 파악해봐라. 반드시, 올랐을 것이다. 객단가도, 매출도. 영업이익도.

배달 앱 200%
활용 방법

온라인은 세상이 정해놓은 경계를 무너뜨렸다. 파괴적이고 빠른 속도로 기존의 오프라인 시장을 완전히 무너뜨리고 소비자들에게 편리함과 대체 불가능한 서비스를 제공하며 자리 잡았다. 장을 보러 가지 않아도 집에서 필요한 모든 식품을 새벽에 받아볼 수 있게 되었고, 지역 맛집을 가지 않아도 홈쇼핑에서 지역 맛집 음식을 밀키트로 주문해볼 수 있게 되었다. 카페를 가지 않아도 커피를 마실 수 있고, 집을 나서지 않아도 집 앞으로 내가 먹고 싶었던 카페의 디저트가 배달이 된다.

상권의 경계가 흐려지고 고객은 이제 어디에든 있다. 오프라인 기반의 사업체들이 지나가는 고객을 찾아오게 하려면 성대하게 진행하던 오픈 행사보다, 오픈 기념으로 카카오 친구와 인스타그램 팔로워에게 쿠폰을 뿌리는 것이 효과적이다. 그런 세상에 당신이 살고 있다. 그러나, 이제부터 당신은 지금까지 너무나 당연하게 쓰고 누리던 것들을 제공하는 사람이 되어야 한다. 소비자에서 공급자로 바뀌는 것이다.

배달 앱을 200% 활용한다는 것은 그런 뜻이다. 100% 활용한다는 것은 소비자로만, 고객으로만 사는 것이라면 200% 활용한다는 것은 소비자이며 공급자로 배달 앱을 쓰는 것을 말한다.

배달 앱을 이용한다는 것은 추가로 3개의 가게를 더 개점하는 것과 같다. 당신이 자리 잡은 오프라인 가게 1곳. 그리고 입점해 있는 배달의민족 1곳. 요기요 1곳. 쿠팡이츠 1곳. 총 4곳에서 당신은 장사하는 것이다.

심하게는 눈에 띄지도 않는 지하 1층 주방에서 다른 사업자명으로 4~5개의 가게를 두고, 각각 배달 앱에 다른 사업자로 등록해서 총 20곳이 넘는 가게를 운영하며(실질적으로는 모두 1곳에서 음식이 만들어진다) 특정 '키워드'를 선점해 장사하는 영리한(또는 영악한) 업체들도 있다. 이들의 방식을 욕할 수는 있어도 이렇게나 배달 앱을 이용하는 업체들이 있다는 사실을 알아야 한다.

당신도 이렇게 하라는 뜻이 아니다. 관점을 바꾸라는 것이다. 입점해 있는 배달 앱을 하나의 독립적인 가게로 봐라. 배달의민족에 매달 광고비를 100만 원 내고 있다면, 월세가 100만 원인 가게를 한 개 더 운영하고 있다고 봐야 한다. 요기요에 매달 광고비를 50만 원 지출하고 있다면 50만 원 월세인 가게를 한 개 더 운영하고 있다고 봐라. 그렇게 각각의 배달 앱에 입점해 있는 당신의 가게를 완벽히 독립된 1개의 가게로 보고, 구분하고, 운영할 수 있을 때 매출과 영업이익이 따라온다.

앞서 언급한 모든 기술적인 방법들은 이런 관점의 변화에서 착안한다. "배달 광고비는 월 100만 원 정도면 적당할까?"라는 질문은 이렇게 해석한다. "월세가 100만 원 정도인 매장이면 월 매출이 최소 얼마 이상이 나와야 할까?"

> 배달의민족으로 발생하는 월 고정비 = 광고비
> = 오프라인 가게의 월세

이렇게 생각하면 광고비 대비 어느 정도의 최소 매출이 나와야 하는지, 가게를 운영하기 위해서 고객들에게 반드시 알려줘야 하는 사실은 무엇인지, 쿠폰과 혜택과 프로모션은 무엇을 하는 것이 효과적일지, 객단가는 어떻게 높일지를 생각해볼 수 있게 된다.

발상의 전환이 수십 개의 기술적인 접근을 가능하게 한다. 그러므로 배달료와 광고비 등이 너무 높아서 배달을 하지 않는 것이 낫겠다는 사업적 판단은 1개의 가게 월세와 관리비가 너무 비싸 흑자 운영을 지속할 수 없으니 가게 문을 닫겠다는 것과 같은 의미의 말이다.

당신은 이제 1곳의 장소에서 장사하지만 실제로는 오프라인의 경계를 넘어서 4곳에서 장사를 하는 것과 같다는 말의 의미를 충분히 알아들었을 것이다. 이 말의 의미를 깊게 이해할수록 배달 매출이 오르고 영업이익이 오르게 된다. 당신 카페의 메뉴, 원가, 영업이익, 쿠폰, 수수료, 광고비 등을 나는 모르기에 어떤 기술적 접근이 당신 카페에 맞춤화된 접근인지는 모른다. 그러나 당신이 배달 앱을 나와 같은 시각으로 바라보기 시작한다면, 배달 앱 내 당신의 가게를 독립된 위치에서 운영하는 새로운 매장으로 인식하라. 광고비는 월세로 보이고, 수수료와 운영비는 관리비로 인식될 것이다. 오히려 좋다. 인건비가 들지 않고, 유지 관리비는 더 들지 않으며, 인테리어를 손보기도 쉽고(돈도 들지 않는다), 매장을 꾸미는 데는 10분도 들지 않는다.

이게 배달 앱을 200% 활용하는 사람이 가져야 할 올바른 '시각'이다. 당신은 지금 1개의 매장을 운영하는 것이 아닌 4개, 5개, 또는 그 이상의 매장을 운영하고 있다.

일 잘하는 직원
채용 방법

사람이 전부다. 당신 매장에 주문을 넣는 사람, 그 사람에게 음료를 만들어 제공하는 사람. 배달을 충실하게 하는 사람. 당신 매장에 무슨 일이 생기면 가장 먼저 해결하기 위해 애쓰는 사람 등 사람이 전부다. 카페뿐만 아니라 어떤 장사든 사람이 전부다.

어떤 사람, 어떤 직원을 뽑아야 당신이 조금 더 행복할 수 있을까? 조금 더 편하고, 조금 덜 신경 쓰고 심지어는 조금 더 벌 수 있을까?

사실 이 장에서 소개하는 인재의 채용, 관리, 교육, 양성, 보상 체계 등을 자세히 다루려면 책 1권으로도 모자라다. 그렇기에 조금 더 본질적이고 원론적인 접근과 팁 몇 개를 알려주려고 한다.

첫째, 당신 자신을 스스로 아주 '잘' 알아야 한다. 리더의 말이 때때로 바뀌면 직원과 아르바이트생은 어떻게 하든 일을 잘할 수 없다. 즉, 당신이 어떤 사람인지 스스로 아는 것이 가장 먼저란 뜻이다. 매사에 꼼꼼하고 신중한 타입인지, 큰 의사결정만 하고 작은 디테일은 신경을 쓰지 않는 사람인지, 시간 약속에 엄격한 사람인지, 결과가 중요한 사람인지, 과정도 중요한 사람인지,

기분파인지 체계적인 타입인지, 인자한 사람인지, 엄격한 사람인지 말이다. 적어도 들쑥날쑥하지 않고 한결같은 당신만의 사장다움을 발견하는 것이 첫 번째다. 왜냐? 당신 가게고 당신 사업체니까. 당신에 세운 기준에 따라 일을 잘할 수 있는 직원을 뽑을 수 있기 때문이다. 당신 매장에서 어리바리한 직원이 다른 곳에서는 에이스일 수 있다. 다른 매장에서는 훨훨 날아다니는 직원이 당신 매장에서는 어리바리한 직원이 될 수도 있다. 그렇기에 한결같은 당신만의 캐릭터와 당신만의 사장다움을 발견하라. 그것이 일 잘하는 직원을 뽑을 수 있는 첫 번째다.

둘째, 사장다움에서 당신이 가장 부족한 부분을 발견하라. 또는 당신이 가장 하기 싫어하는 '일'적인 부분을 발견하라. 꼼꼼함이 부족하고 체계가 부족한가? 그럼 아주 사소한 것이라도 신경을 쓰고 칼 같은 원칙주의자 직원이 당신에게는 일 잘하는 직원이다.

당신은 체계적이고, 원칙주의자이고, 규칙적이어서 말만 잘 듣는 직원이 필요할 수도 있다. 그러면 직업 군인 출신의 카페 경험이 있는 젊은 남자 직원이 최고의 직원이 되어줄 것이다.

꼼꼼하고 깔끔하지만, 당신이 보기에 스스로가 차가운 표정의 사람인 것 같은가? 피크 타임에는 잘 웃고 상냥한 직원을 채용하라. 당신의 부족함을 그 친구가 채워줄 것이다.

내가 무슨 말을 하고 있는 줄 알겠는가? 일을 잘하는 직원은 당신이 어떤 사람이냐에 달라진다는 뜻이다. 나에게 너무나 에이스 같은 직원이 당신에게는 부담스러울 수 있고, 나에게는 정말이지 무능한 직원이 당신 매장에서는 에이스일 수 있다.

일을 잘하는 직원은 당신에게 필요한 직무, 당신이 못하는 직무, 당신이 하기 싫어하는 직무를 충실히 해내는 직원이란 뜻이다.

　그러니 당신 자신을 스스로 파악하는 것이 우선이고, 그다음은 파악한 당신 자신에 대한 부족한 부분을 채우는 것이다.

　TIP. 아르바이트생은 본질적으로 시간당 임금을 받기 위해 일하는 사람이 지원하는 것이므로 주변 임금 시세보다 약간 높여(500~1,000원) 올리는 것이 양질의 인재들이 지원할 확률이 높다. 경험상 그렇다.

Part 6

당부

잔소리이거나, 충고이거나, 조언이거나

당부 : 말로 단단히 부탁함. 또는 그런 부탁

"왜 장사가 안 될까?"라고
생각하는 당신에게

장사가 안 되는 날이 있다. 장사가 잘되는 날도 있다. 우연적 요인에 기인한 그런 날들이 장사하다 보면 있다. 그런데, 우린 우리가 알 수 없을 때 '우연'이라는 말을 쓴다. 세상에 우연은 없다. 내가 알면 우연이 아니고, 내가 모르나 결과가 좋을 때 우연이라는 말을 쓴다.

즉, 내가 우연히 장사가 잘되는 날들을 연속해서 만들어낼 수 있을 때 우린 그것을 우연이라 하지 않는다. 실력이라 한다. 당신에게 이제 물어보겠다. 왜 어떤 곳은 장사가 '늘' 잘될까? 또는 '늘' 잘되지는 않더라도 '평균' 이상은 늘 할까?

이제 당신에게 기본과 유지, 이 2가지를 말해주려고 한다. "왜 장사가 안 될까?"라는 당신의 질문에 답이 되기를 바란다.

잠시 장사를 말하기에 앞서 프로 스포츠 선수들을 떠올려봐라. 손흥민, 박지성 같은 축구 선수를 통해 이야기해보겠다. 그들이 필드에서 오늘은 조금 설렁설렁 뛰었다는 말을 들어본 적이 있는가? 또는 김연아 선수가 오늘 점프는 다리가 아파서 1바퀴 반만 뛰었다고 하는 것을 본 적이 있는가? 김연경 선수가 오늘은 손바닥이 아파서 스파이크를 살살 쳤다고 말한 적은 있던가?

유명 연예인도 마찬가지다. 잠깐 반짝이는 스타가 아닌 지금까지도 실력을 유지하고 있는 유명 연예인들을 언급해보려 한다. 유재석, 강호동, 신동엽, 이경규 같은 인물들 말이다. 이들이 방송 녹화에 들어가면서 오늘은 컨디션이 안 좋으니 방송을 대충하겠다고 하던가. 오늘은 날씨가 좋으니 방송이 잘되겠다며 외부 날씨 탓을 한 적이 있던가.

아니다. 그들 모두 언제나 그날, 그 순간, 자신의 위치에서 최선을 다했다. 그렇기에 프로는 늘 최고의 모습을 보여주고 그 모습을 기본이라 말한다. 우리는 어쩌다 최선을 다한 날을 뿌듯해하지만, 프로는 늘 최선을 다하고 그 태도를 기본이라 말한다.

이제 장사 이야기로 돌아가보겠다. 어제 커피머신 마감은 똑바로 했는가? 오늘 찾아온 고객에게 최선의 친절을 베풀었는가? 커피 맛이 어떤지 체크해 봤는가? 카페 앞 거리는 깨끗한가? 외부에서 보이는 간판이 녹슬지는 않았는가? 밤에 카페 간판의 불은 잘 켜졌는가? 매장 내부는 청결하게 유지했는가? 배달 주문은 꼼꼼하게 하나하나 포장했는가? 손편지라도 하나 써서 배달과 함께 보냈는가? 단골에게 오늘 서비스는 하나 챙겨주었는가? 배달 앱 세팅이 이상하거나, 메뉴 사진은 똑바로 업로드되어 있는가? 리뷰 답글은 다 달았는가?

내가 무슨 말을 하고 있는지 알겠는가? 당신의 매장이 '기본'을 '유지'하고 있는가를 점검하란 뜻이다. 누군가가 나에게 상위 10%의 카페가 되는 방법이 무엇인지 묻는다면 나는 이렇게 답한다.

"하위 90% 카페가 하는 짓을 하지 마세요. 기본을 지키고, 유지하세요."

왜 장사가 안 될까? 이런 생각을 하고 있다면, 내가 당신에게 묻는 모든 것들을 다시 점검해라. 특별한, 대단한 기술로 장사가 잘될 수 있다는 생각을 버려라. 기본이 무너지고, 유지되지 않으면 우연에 기대야 하는 아마추어 장사꾼이 될 뿐이다.

아니, 근데 왜
남들 쉴 때 다 쉴까?

카페홈즈 이야기를 잠시 해보려 한다. 카페홈즈는 처음부터 24시간 매장이 아니었다(지금도 본점과 일부 가맹점들만 24시간 영업하고 있다). 8시 오픈, 7시 마감으로 시작했으나, 6시 55분까지 주문이 있었고, 그렇기에 10시까지 매장 운영 시간을 늘렸다. 매장 운영시간을 늘리자 9시 57분까지 주문이 들어왔고 그렇기에 12시까지 운영시간을 또 늘렸다. 또 11시 58분까지 주문이 들어와서 새벽 3시까지 운영시간을 늘렸다. 새벽에도 주문은 끝없이 이어졌고 그러다 보니 24시간 운영하는 매장이 되었다.

그런데 신기한 현상이 일어났다. 야간에 카페홈즈를 이용한 고객이 주간에 주문했고, 주간에 카페홈즈를 이용한 고객이 야간에 카페홈즈를 다시 찾았다. 다른 매장들이 야간 운영을 하지 않자 그 시간에 커피 및 디저트류를 먹고 싶은 고객들이 카페홈즈를 찾아오기 시작했다. 그렇게 카페홈즈는 남들이 찾지 않는 시간대에 운영한다는 이유만으로 야간 매출이 점차 늘어나기 시작했다.

카페홈즈 24시간 운영 매장 스티커   출처 : 저자 작성

선순환이 일어났고, 이제는 야간 매출이 주간 매출만큼 발생하고 있다. 물론, 이런 특수성은 카페홈즈만의 사정일 수 있다. 그러나 자영업을 하는 당신에게 묻고 싶다. 1명의 고객이라도 더 받기 위해서 야간에 문을 여는 매장이 되어본 적이 있는가. 그렇게 찾아온 1명의 고객에게 최대의 만족을 위해서 커피를 만들어본 적이 있는가.

카페는 특성상 오프라인 매장의 경우 고객이 몰리는 시간대가 정해져 있다. 주로 출근시간 전 한 타임, 점심시간 때 두 번째 피크타임이 찾아온다. 그렇기에 많은 카페가 저녁시간 즈음 문을 닫는다. 그러니 저녁을 먹은 고객들이 카페를 찾는다는 사실을 모른다. 술을 마시고 귀가한 사람들이 커피와 음료를 찾는다는 사실을 모른다. 야간에 야근하는 사람들이 커피를 찾는다는 사실을 모르고, 밤을 새우는 사람들이 너무나 많다는 사실을 모른다.

남들보다 이른 새벽 하루를 시작하며 커피를 시키는 사람들이 있다는 사실을 알 수 없으며, 새벽에 수많은 숙박업소에서 주문이 들어온다는 사실을 모른다. 오직 카페홈즈만 그 사실을 알게 되었다.

남들이 일하지 않는 시간에 문을 열었다는 사실 하나만으로, 남들보다 더 많은 사실을 알고 매출로 보상받게 되었다.

그래서 카페홈즈는 쉬지 않는다. 추석과 설날이 피크라는 것을 카페홈즈는 안다. 아니, 나는 안다. 공휴일에 놀러 가는 사람이 많은 만큼 집에서 편히 커피와 쿠키를 시켜 먹고 싶은 사람 또한 많다는 사실을 안다.

오늘은 남들 다 쉬니까 우리도 문을 닫고 쉬어야지 하는 사장님들이 90%라는 사실을 안다. 장사가 안 되니 문을 닫아야지 하는 사장님들 덕분에 장사가 안 되도 문을 열어놓고 고객을 기다리는 사장님이 언젠가는 그 기다림이 보상받는다는 사실을 안다.

당신에게 늦게까지 밤낮없이 일하라는 소리로 들리는가? 어쩌면 맞다. 기본이 안 되어 있고, 실력이 부족하면 끈기라도 있어야 한다. 문 닫고 집에 들어가서 무엇을 할 것인가. 매장을 열어놓고, 고객을 맞이하라. 당신이 없어도 매장은 열려있는 가게를 만들어라. 당신이 없어도, 매장이 열려있고, 매출이 일어나고, 당신이 돈을 벌 수 있는 가게를 만들어라.

기본을 쌓고, 유지하고 인내하라. 보상의 수레바퀴는 천천히 돈다.

개인 카페가 망하는 이유 5가지 :
하지 말아야 할 것

당신이 개인 카페를 운영하고 있거나 운영할 예정이라면 절대 하지 말아야 할 것을 알려 주겠다. 이것만 지켜도 생존 확률은 70% 이상 올라갈 수 있다고 본다. 바꿔 말하자면 망하는 개인 카페의 특징에 해당한다. 혹시 당신의 카페가 여기에 해당한다면 잠시 변명은 내려놓고 고칠 점은 없는지 살펴보자.

첫째, 외부를 향한 폴딩 도어(반 접이식 문)**가 없고, 키오스크 또한 없다.**

신기하지 않은가. 수많은 개인 카페가 외부를 향한 폴딩 도어를 설치하지 않고, 키오스크 또한 없는 경우가 많다. 왜? 폴딩 도어는 비싸니까 하지 않는 경우가 많다. 폴딩 도어를 하지 않았으니 매장 안으로 방문해서 결제를 받아야 하고, 그러니 키오스크를 설치할 이유도 없는 것이다.

그러나 밖을 돌아다니며 보라. 빅 브랜드 프랜차이즈를 봐라. 본사의 배를 불리려고 폴딩 도어를 설치하고, 키오스크를 설치한 것일까? 절대 아니다. 고객이 조금이라도 편하게 주문할 수 있게 하려고, 활짝 열린 폴딩 도어를 통해서 지나가다가도 음료가 먹고 싶어진 순간, 바로 고객을 유혹하기 위해서다.

실제로 폴딩 도어를 설치하면 연 결제액이 약 15~20% 이상 상승한다는 논문 결과도 있다.

둘째, 프랜차이즈 카페보다 커피가 비싸다. 그런데 다른 유·무형의 서비스가 프랜차이즈보다 못하다.

좋다. 커피가 더 비쌀 수 있다. 그럴 수 있다. 당신 매장의 시그니처 원두가 있을 수 있고, 색다른 원두를 취급할 수도 있다. 홀에서 먹고 가야 하는 매장 특성상 테이크 아웃보다는 다소 높은 가격을 받아야 가게가 유지될 수 있으니까. 그런데 그렇다면 프랜차이즈보다 뛰어난 인테리어, 가게의 쾌적함, 좌석의 편안함, 맛의 우위, 서비스의 퀄리티도 제공하고 있는가? 프랜차이즈보다 커피는 비싼데, 프랜차이즈보다 매장이 협소하고 불편하다면, 또는 맛도 심지어 없다면, 당신의 카페를 가야 하는 이유가 무엇인가?

셋째, 식사 메뉴를 취급하고 있다. 카페인데 술도 판다.

이해할 수 있다. 식사 메뉴가 압도적으로 맛있거나, 저녁에 술을 팔아도 되는 분위기라면 그럴 수 있다. 때때로 저녁에는 술과 같이 안주를 취급하는 카페도 있다. 종종 그런 곳이 있다면 찾아가보기도 한다. 그런데 그런 곳은 카페로서 정체성은 잃은 경우에 해당한다. 동네 주민들이 찾아오고, 지역적으로 작은 규모의 인원을 대상으로 한 카페를 하려는 상황일 것이다. 당신이 어디 농촌 지역이나 카페라고는 없는 시골, 바다 동네에서 카페를 하려고 한다면 이렇게 하는 것이 맞다.

그러나 아니라면 식사 메뉴는 팔지 말아라. 술도 지양하라. 카페는 밥을 먹는 곳이 아니다. 술을 마시는 곳이 아니다. 보통 장사가 안 되면 메뉴, 디저트,

음료, 가격, 콘셉트, 인테리어, 배너, 이벤트, 서비스 등 본질적인 고민을 해야 하는데 엇나가면 밥 메뉴, 술 등 이상한 쪽으로 빠지는 경우가 많다. 하지 말 아라.

넷째, 특색이 없다. 그 카페를 가야 할 '뾰족한 이유'가 없다.

망하는 개인 카페를 가보면 10~15평 정도의 크기에, 커피값은 2,500~ 3,500원 사이고, 매장은 홀이 있지만 넓지는 않고 작다고 하기에는 또 애매하 게 큰 크기인 경우가 많다. 이것저것 디저트를 팔고는 있지만, 그 카페만의 시 그니처 디저트는 아닌 경우. 어디서 갖고 온 듯한 마카롱, 조각 케이크 정도로 단골은 동네 주민, 지인, 근처 사장님들…. 어? 어디서 본적이 있지 않은가? 그 렇다. 우리 동네에도, 이 글을 읽고 있는 여러분의 동네에도 있는 동네 개인 카 페다. 앞 장에서도 말하고 있지만 콘셉트가 없고, 키워드가 없는 카페는 망한 다. 당신 건물에서 하는 카페가 아니라면 이렇게 해서는 안 된다.

다섯째, 사장님이 공부하지 않는다.

조금은 가슴 아픈 소리일 수도 있다. 사람의 실력은 어떤 분야든 공부하고 시간을 쏟지 않으면 저절로 레벨업 되지 않는다. 그러나 장사가 안 되는 카페 의 사장님은 걱정만 하고 공부하지는 않는다. 대안을 생각하지 않는다. 왜 안 되지? 라고 반문하며 새로운 시도를 하지 않는다. 전단지를 1,000장 돌리거 나, 무료 아이스 아메리카노 이벤트를 열어서라도 고객을 맞이할 생각을 하지 않는다. 밖에 나와서 유니폼을 입고 담배를 피우는 개인 카페 사장님들을 여 러 번 본다. 나는 그 카페는 가지 않는다. 매장으로 돌아가서 손을 씻고 커피 를 뽑는 것이 아니라면.

결론적으로 여러분이 개인 카페를 할 생각이라면 공부하라. 특색을 갖추어라. 프랜차이즈 콘셉트와 인테리어의 장점을 훔쳐라. 폴딩 도어도 만들고, 키오스크도 설치하라. 밥 메뉴나 술은 팔지 말아라. 이렇게만 해도 당신의 카페를 고객들은 신규 오픈한 브랜드 카페로 생각할 것이다.

소자본 창업에 대해
명심해야 할 2가지

카페홈즈는 3층, 3평이란 공간에서 탄생했다. 탕비실을 개조해서 시작한 것이 시작이었다. 누구나 말하는 소자본의 극난적인 예시였다. 그러나 현실적으로 자금이 부족한 가운데 카페나 장사를 시작하는 것을 절대 추천하지 않는다. 내 가족, 친구 등 지인이 이렇게 오픈한다면 우선 말리거나, 그래도 오픈을 한다면 현실적인 도움을 줄 수밖에 없다. 많은 창업자가 카페를 오픈하면서 정말 빡빡한 예산을 가지고 시작한다. 인테리어, 보증금, 주방 집기, 초도 물품 및 부자재 등을 빡빡하게 구매하고 여유자금 없이 장사를 시작한다.

이른바 '오픈발'이라고 불리는 며칠이 지나고 나면 현실이 찾아온다. 고객은 줄어들고, 장사는 마음 같지 않을 수 있다. 직원과 아르바이트생들의 월급날은 빠르게 찾아오고 월세, 관리비, 부자잿값 등은 여지없이 비용으로 지출된다. 당신이 여유자금 없이 가게를 오픈했다면 이 모든 비용을 장사를 오픈하자마자 돈을 바로 벌어서 충당해야 한다. 버겁고 어려울 것이다.

비관적인 이야기가 아니라 아주 현실적인 이야기다. 절대 소자본 창업이란 말을 오픈에 필요한 모든 예산으로 착각해서는 안 된다. 다수의 프랜차이즈

업체들이 오픈에 필요한 비용을 속이고, 개인 카페는 오픈만 신경을 쓰다 보니 다음 달을 신경을 쓰지 못한다.

조금 더 구체적인 현실을 이야기해보겠다. 당신이 가진 자본금이 5,000만 원이라고 가정하자. 보증금이 1,000만 원인 10평 가게를 얻었다면 4,000만 원으로 남은 비용을 모두 해결해야 한다. 인테리어 1,500만 원, 가게 간판 및 추가 시공 500만 원, 커피류 집기 1,000만 원, 주방 집기 1,000만 원. 벌써 끝났다. 부자재도 사야 하고, 비품도 쟁여둬야 하고, 월세 및 관리비, 인건비, 추가 물품 구매 비용도 생각해둬야 하는데 5,000만 원이면 이미 끝났다. 자금이 부족하다.

이것이 소자본 창업의 현실이다. 물론 이리저리 보증금이 1,000만 원인 가게를 권리금 1,000만 원에 얻을 수도 있다. 인테리어나 커피 및 주방 집기류의 컨디션이 너무 좋아서 1,000만 원 권리금으로 해결하고, 당신 가게의 느낌에 맞게 또는 프랜차이즈 컨디션에 맞게 부분 시공을 진행할 수도 있다. 간판만 바꿔서 오픈할 수도 있다. 정말 소자본으로 창업이 가능할 것이다. 그러나 그렇게 대부분이 망한다.

왜냐? 고객들은 그렇게 갈아 끼우듯 바꾼 매장을 신규 매장으로 인식하지 않는다. 중고차를 사서 차량 번호판을 바꿔 끼운다고 세차가 되는 것이 아니다. 만약 당신이 가진 자본이 한정적이라서 소자본으로 창업해야 한다면 명심해야 할 것이 있다.

첫째, 고객들에게는 소자본 창업으로 보이지 않아야 한다.
당신이 소자본으로 창업했다고 밖으로 티를 낼 필요 없다. 그 전 가게가 쓰던 커피머신, 그 전 가게가 쓰던 가구, 그 전 가게와 같은 인테리어, 조금 바뀐 도배나 간판 갈이. 누가 봐도 돈 안 쓴 티가 나는 소자본 창업이라면 하지 마라. 이것은 돈의 문제가 아니라 성의의 문제다. 최소한 외부에서 보기에 고객들이 완전 다른 가게로 인식할 수 있도록 만들어야 한다. 매장 집기를 그대로 쓴다면, 인테리어라도 바꾸고, 배치라도 바꾸어야 한다. 당신이 소자본 창업이라고 소문내면 고객 입장에서는 쉽게 돈을 벌려는 사장으로밖에 인식되지 않는다. 변한 것이 없이 간판만 바뀐 매장으로밖에 인식되지 않는다.

둘째, 소자본 창업이라도 3개월은 버틸 수 있는 자금 여력이 있어야 한다.

소자본을 누가 1,000만 원, 3,000만 원, 5,000만 원이라고 정해준 것이 아니다. 소자본은 오픈 후 3개월 정도는 고정 비용 지출을 감당할 수 있는 돈과 오픈 비용으로 생각하라. 누군가에게는 1억 원도 소자본이고 누군가에게 1억 원은 너무나 큰돈이다.

그러나 소자본이 오픈에 필요한 모든 예산. 끝. 이렇게 생각한다면 그건 소자본이 아니라 그냥 오픈 비용일 뿐이다. 당신이 어떤 입지와 상가 그리고 컨디션으로 시작하냐에 따라서 비용을 달라질 수밖에 없기에 절대적인 금액을 소자본이라고 할 수 없다. 그러나 3개월 정도는 견딜 수 있는 최소 비용으로 소자본을 생각해야 한다.

자본주의에서는 돈이 돈을 번다. 누가 봐도 좋은 상권에 크고 근사하고 예쁘게 오픈하면, 고객이 몰린다. 북적이고, 매출이 오른다. 사장의 역량이 받쳐 준다면 흔히 말하는 대박집이 탄생한다. 그러나, 당신이 그럴 만큼의 자본이 없다면 내가 알려준 대로 기본기를 튼튼히 하고, 남들이 뻔히 실수하고 있는 것을 당신은 따라 하지 않고, 한 명의 고객을 모두 동등하고 중요하게 여기며,

배달에도 신경을 쓰고, 매장의 컨디션을 늘 새것처럼 유지하라.

성공에서 실력이 1인 사람은 99의 운이 필요하지만, 실력이 99인 사람은 1의 운이 필요할 뿐이다. 당신의 실력이 99가 되기를, 이 책에서 알려주는 지식이 당신에게 주는 1의 부족한 운이 되기를 바란다.

카페에서 일어날 수 있는
긴급 사태 5가지 대응법

카페도 많은 일이 일어난다. 물론 잘되는 카페의 이야기다. 안 되는 카페의 이야기는 잘 모르겠다. 왜 안 되는지는 알지만, 잘 안 되는 카페에서 일어날 수 있는 긴급 사태는 나는 잘 모른다. 잘 안 되는 그 자체가 긴급이지 다른 것이 긴급인가. 그러니, 당신의 카페가 너무 잘되어 이런 일이 일어날 수 있으니 미리 대비하란 뜻으로 알려준다.

1. 전기의 문제(누전, 합선, 스파크 현상 등의 발생)

대부분 카페가 최초 인테리어 및 커피류 집기를 세팅할 때 전기를 증설한다. 카페에서 화구를 쓸 일은 없지만, 커피 및 디저트류 제조 기기들이 고용량의 전기를 필요하므로 전기 증설은 필수다. 그런데도 전기와 관련된 문제들이 발생할 수 있다. 주로 누전 및 스파크 현상 같은 것들이다. 매장이 바빠지다 보면 여러 기기가 추가되고 최초 증설되었던 전기 용량보다 많은 전기가 일시적으로 필요하다 보니 누전이 발생할 수 있고, 1개의 콘센트에 다수의 기기가 몰리면서 순간적으로 높은 전기 용량으로 인해 누전이나 스파크 현상이 발생할 수 있다. 위험하고, 화재로도 이어질 수 있다. 그러니 분기에서 반기 주기마다(6개월) 전기와 관련된 안전 점검받아라. 당신의 '지역명+전기공사' 등을 네이버 지도나 네이버에 검색한 후 관련 업자들을 반드시 3~5명 이상 나열해놓아라. 문제가 발생하면 늦는다.

2. 제빙기 및 커피머신 등 장비 이상 이슈

가장 자주 쓰고 상시 쓰는 기계들의 장비에 이상이 생기는 경우다. 커피머신의 오작동, 너무 과하게 긴 커피 추출 시간, 쓴맛, 신맛 등 맛의 이상해질 수 있다. 제빙기의 경우 얼음이 만들어지지 않거나, 배수가 원활하지 않거나 물이 새는 이슈 등이 간헐적으로 발생한다. 프랜차이즈라면 본사에 A/S나 슈퍼바이저에게 도움을 요청할 수 있지만 이런 일이 일과 이후 일어난다면? 그때는 본사에서도 해줄 수 있는 것이 없다. 그러니 당신이 해결할 수 있어야 한다.

커피머신은 최초 세팅 시 담당자에게 장비 교육을 반드시 받고, 주방 집기도 설치 시 담당자에게 내가 말한 현상이 일어날 때 어떻게 해야 하는지를 반드시 교육받아라. 또한, 커피머신은 당신이 어디에 살고 있든 상관없이 생각보다 많은 설치 및 A/S 가능한 업자들이 주변에 있다. 이들을 네이버를 통해 검색하고 알아본 후 비상연락망에 갖고 있어야 한다. 또한, 당신이 구매한 커피 및 주방 집기류들의 모델명과 모델번호를 숙지하고 있어라. 간단한 A/S 및 소모품 교체는 유튜브나 온라인에서 쉽게 정보를 찾을 수 있다.

3. 배달 이상 및 배달예치금 부족

배달은 당신이 통제할 수 있는 영역이 아니다. 간헐적으로 배달 사고가 발생하기도 하고, 잘못 배달이 가기도 하며, 기사의 실수나 잘못으로 인해 고객이 피해를 보는 일이 발생하기도 한다. 그러나 고객은 배달 기사의 실수도 당신 매장의 탓으로 생각한다. 그럴 수밖에 없다. 고객을 원망할 일이 아니다.

또한 당신이 배달예치금으로 충전해놓은 금액이 야간 배달 시 갑자기 소진되는 경우가 발생할 수도 있다. 이럴 경우를 대비해서 반드시 배달 업체 중 주간 및 야간 담당자들, 또는 지부장이나 본부장, 비상연락망을 확보하고 있어야 한다. 책임질 수 있는 담당자를 알고, 연락할 수 있어야 이런 일이 발생했을 때 선 해결 후 조치를 부탁할 수 있다. 잘못 배달이 갈 때 재배달이나 메뉴 금액에 대한 환급을 배달 업체에 요구할 수 있고, 배달예치금이 0원으로 급하게 배달이 가야 하면 먼저 배달예치금을 충전하고 후에 당신이 금액을 지급할 수 있다. 어떤 경우든 책임질 수 있는 담당자를 알아두도록 해라.

4. 소모품이나 비품의 재고 부족, 또는 입고 지연 이슈

갑작스러운 단체주문으로 인한 특정 메뉴 또는 재료의 품절. 소모품이나 비품의 재고를 잘못 파악한 까닭으로 인한 비품 부족 현상, 입고 주기가 날씨나 업체 사정으로 인한 지연 등은 정말 자주 발생하는 일이다. 프랜차이즈라면 본사에 긴급 요청을 할 수도 있고, 근처 프랜차이즈 매장이 추가로 있다면 알고 지내는 것이 여러모로 유리하다. 서로 상부상조하며 도울 수 있다. 개인 카페라면 항상 백업이 가능한 제2의 업체를 알고 있어야 한다. 퀵서비스로 물건을 바로 받을 수 있는 업체 1~2곳을 상시 알고 있어야 한다. 받침, 컵, 뚜껑, 빨대, 봉투, 캐리어 등이 해당한다.

5. 아르바이트생이나 직원들의 무단결근, 퇴사의 이슈

비단 카페뿐만 아니라 모든 사업장에서 일어나는 일이다. 다음 근무자가 출근하지 않거나, 밤새 갑작스럽게 카카오톡 하나만 남겨놓고 흔히 말하는 잠적하거나, 연락도 없이 출근하지 않거나, 부모님 또는 할머님, 할아버님이 갑자기 아프시다는 단골 변명이 등장하는 경우다. 미리 말하지만 이런 일은 예측할 수 없고, 어쩔 수 없다. 단, 방지하거나 예방할 수 있는 방책을 마련해 놓을 수는 있다.

① 직원의 경우 아르바이트생의 무단결근 시 대체 근무하도록 약속하고 인사를 관리하도록 위임하라.
② 이런 일이 발생하면 불이익이 있을 수 있음을 근로계약 시 명시하고 약속하라.

이렇게 2가지 원칙 정도를 정하고 가게를 운영할 것을 추천한다. 그런데도 이런 일은 일어날 수 있고 정말 어쩔 수가 없다. 그러니 원칙을 정하고 알려주고, 어기면 불이익이 있을 수 있음을 명시하는 것이 최선이다.

당신의 카페가 프랜차이즈든 개인 카페든 잘되어서 일어나는 비상사태라면 이미 당신이 상당 수준의 문제 해결 능력을 갖추고 있을 것이다. 그런데도 항상 문제는 예측이 불가하고 일어나면 수습이 뒤따르니 예비가 상책이다. 미리 앞서 말한 5가지 상황 정도는 일어났을 때 당황하지 말고 알려준 대로 대처하면 된다.

고객은 한적한 곳에서
북적이는 곳을 바라본다

당신의 매장이 북적거리는 날이 있을 것이다. 아마 오픈 초기, 또는 점심 피크, 또는 신메뉴를 출시하거나, 이벤트를 히거나, 디저트 페어나 카페 쇼라도 나갔을 때 말이다. 밀려드는 고객들로 인해 시간이 어떻게 가는지도 모르게 시간을 보낼 테다. 그런 경우는 나도 겪어봤고, 우리 카페의 직원들도 그런 순간을 보냈다. 그럴 때마다 한결같이 하는 말이 있다. 고객은 한적한 곳에서 북적이는 곳을 바라보고 있다. 그리고 우리를 한적한 곳에서 바라보고 있던 고객들이 북적거림이 사라지는 순간 찾아온다.

그런 경험이 있지 않은가. 신규 오픈한 매장에 사람들이 줄지어 선 모습을 보고 '저기 뭐 팔지? 다음에 사람 없을 때 가봐야지'라고 생각했던 경험. 또는 맛집이라고 불리는 곳에 점심이나 피크타임 때 사람들이 줄 지어선 모습을 보고 '다음에 사람 없을 때 꼭 가봐야지!'라고 생각했던 경험.

이제 잠시 행복한 고민이지만 그렇게 북적거리는 매장이 당신의 매장이라면 어떻게 할 것인가? 몰려오는 고객들을 위해 바쁘게 음료를 만들고(**국밥 가게라면 국밥, 라면 가게라면 라면일 것이다**) 빠른 회전을 위해서 정신없이 시간을 보낼 것이다. 그러다 보면 퀄리티가 떨어질 수도 있고, 잘못된 메뉴가 나갈 수도 있

카페&디저트 페어에 나갔던 카페홈즈   출처 : 저자 작성

고, 능숙하지 못한 직원은 실수를 연발할 수 있다.

정신을 차려야 한다. 매출과 숫자에 매몰되어 음료나 디저트의 퀄리티가 떨어지는 순간 당신 매장의 북적거림은 사막에 신기루처럼 사라질 것이다. 북적거리는 틈새에 방문했던 고객들은 다시 찾지 않고, 한가한 타이밍에 찾아오는 고객들은 실망하고 돌아갈 수 있다.

그러니 고객이 아무리 북적거려도 음료는 정확한 레시피로 맛있게 만들어져 나가야 한다. 만들어지는 디저트는 그 틈새에서도 퀄리티를 갖추고 있어야 한다. 조리 시간이 5분이 걸리는 디저트라면 고객에게 5분을 기다리게 하라. 기다리는 고객과 북적거리는 고객들 때문에 조리 시간을 1분 줄여서 고객에게 대접하지 말아라. 당신이 방금 줄인 1분을 고마워할 사람은 없다. 기다려서라도 맛있게 먹으려고 북적거림을 감내하고 당신의 매장을 온 것이며, 그 북적거림을 멀리서 바라보고 있는 다른 고객들 또한 기꺼이 5분을 기다려 당신 카페에서 파는 디저트를 먹을 것이다.

많은 자영업 사장들이 착각하는 것이 바로 이 지점에서 나타난다. 고객은 기다리는 것을 싫어한다고 생각한 나머지 서두르고, 빨리 무엇인가를 제공해야 한다는 강박에 잘못 조리되고, 필요한 시간보다 빨리 준비해 당신 매장의 메뉴를 제공하는 것이다.

틀렸다. 다른 생각이 아니라 이런 생각은 틀렸다. 기다리는 이유는 기다려서라도 당신 매장에서 먹을 수 있는 그 메뉴, 그 디저트, 그 음료를 먹기 위함이다. 느긋하게 준비하라는 말이 아니다. 정해진 시간, 정해진 레시피, 정해진 매뉴얼에 따라 10개를 만들든 1개를 만들든 같은 정성과 시간을 쏟아야 한다.

그래야 북적거리는 틈에서 당신 매장에 들른 고객은 만족하고 돌아가며, 북적거리는 매장을 먼발치서 지켜보던 고객은 방문해서 '와, 여기 북적거리는 이유가 있구나'라고 감탄하고 돌아간다.

못 먹어서, 기다리느라 시간이 다 가서 짜증이 난 고객은 다시 돌아오지만, 기다려서 먹어보고 실망한 고객은 돌아오지 않는다.

명심하라. 북적거림에서 중심을 잃지 말 것. 그리고 그 북적거리는 곳을 바라보는 고객들이 찾아온다는 것.

고객 다음으로 중요한 것은
직원이다

사실 고객보다 중요한 것은 직원이라고 할 수 있지만, 당신이 카페를 처음 시작하고 바로 좋은 직원을 뽑는 경우는 아주 드물기에, 그리고 직원이 생기기 전까지 중요한 것은 고객이기에 직원을 2순위로 두었다. 혹여, 당신이 아직 직원 단계며 카페 창업을 생각하고 있는 사람이라면 기분 나빠할 필요는 없다. 당신이 사장이 된다면 고객만큼 직원을 챙겨주면 된다.

이 장에서는 고객만큼이나 중요한 직원을 어떻게 대할 것인가. 어떻게 분류해볼 것인가에 대한 이야기를 해보겠다. 짧은 나의 식견이고, 당신의 생각이 더 나을 수 있는 내용이다. 열린 마음으로 들어주길 바란다.

첫째, 인정이 없거나 발전이 없는 곳에 머무르는 직원은 없다.

모든 사람은 기본적으로 인정받고 싶은 욕구, '인정욕'이 있다. 내가 고생하는 것, 내가 신경 쓰는 것, 내가 노력하는 것, 내 성과, 내 결과, 내 마음, 내가 꾸민 것, 내가 차려입은 것, 내가 달라진 것 등을 모두 알아주길 바란다. 당신이 남자라면 여자친구가 '나 오늘 달라진 것 없어?'라는 질문을 한 번쯤 들어 본 적이 있을 것이다. 당신이 여자라면 남자친구의 힘들고 축 처진 모습에서 '오늘 힘들었구나, 고생했어'라고 위로를 건네주었을 때 감동한 남자친구의 모습을 본 적이 있을 것이다. 인간은 기본적으로 인정욕을 갖고 있다. 조직에서 직장에서 인정욕은 성과와 노력에 대한 인정으로 이어진다. 말인즉슨 인정해주지 않는 곳에는 오래 머무는 사람이 없다는 뜻이고, 더 이상 인정욕을 충족받을 수 없는 곳, 즉 발전이 없는 곳에서도 머무르는 사람은 드물다는 뜻이다. 사장님의 눈에서는 잘한 99는 보이지 않고 못한 1만 보인다. 직원으로서는 잘한 99는 알아주지 않고 못한 1만 지적받는다고 생각할 수 있다는 뜻이다. 그러니, 못한 1을 지적하기 이전에 잘한 99를 인정해주어라. 더 잘할 수 있는 100의 환경을 제공해라. 그것이 당신과 직원 그리고 사업장 모두를 위한 최선의 선택이다.

둘째, 떠나보내라. 그것이 직원과 당신 모두를 위한 선택이다.

당신과 맞지 않는 직원. 어떻게 해서도 손발이 맞지 않는 직원. 성격은 좋지만 성과나 결과가 늘 좋지 않은 직원. 부지런히 사고를 치는 직원이 있다면 수습 기간을 두고 그 후로도 반복된다면 정식 채용하지 말아야 한다. 정직원이거나 매니저 또는 점장직이라면 좋게 작별 인사를 준비하라. 그 직원도 카페를 다니면서 스트레스를 받을 것이고 당신도 스트레스를 받고 결과도 좋지 않다. 결국, 그 직원의 미래를 위해서도 당신의 사업장을 위해서도 당신의 고객을 위해서도 직원과 작별을 고하는 것이 옳다. 직원을 위해서 손해를 감수하고 계속 고용을 유지하는 것이 옳은 생각이 아니다. 당신과 맞지 않는 직원이었을 뿐 어딘가 그 친구가 필요한 곳이 있을 것이다. 당신이 보내주는 것이, 좋게 작별 인사를 하는 것이 그 친구를 위한 길이다. 죄책감과 책임감을 구분해 그 직원을 보내주어라.

셋째, 성과는 말로 인정하는 것이 아니다.

1번에서 언급한 인정욕에 대해서 성과를 말로만 인정해주는 것은 올바른 리더가 아니다. 1~2번쯤은 말로 성과를 인정해주는 것이 직원의 개인사기를 올려줄 수는 있으나 결국 열심히 해서 카페 매출을 올리거나, 단골을 늘리거나, 신규 이벤트 신메뉴 개발에 힘쓰더라도 돌아오는 '보상'이 없다면 동기가 결여된다. 열심히 해도 그만, 안 해도 그만이라면 열심히 할 이유가 없다. 보상은 구체적이어야 하고, 약속되어야 하고, 지급되어야 한다. 당신이 아무리 작은 규모의 사업체를 운영하더라도 직원이 1명이더라도 약속한 성과에 대한 보상은 지급되어야 하고, 지켜져야만 한다.

넷째, 수습 기간은 당신을 위해서도 직원을 위해서도 필수다.

계약직이란 말이 한국 사회에서는 좋게 비치지 않는다. 계약 기간이 끝나고 정규 계약을 하지 않으면 끝인 관계로 인식되기 때문이다. 계약직에 대한 좋은 이면은 사라지고 좋지 않은 이면만 비쳐서 계약직을 좋지 않게 보는 시선이 다분하다. 그러나 계약직은 꼭 필요하다. 계약직인 만큼 계약 기간 내에 상호 최선의 호혜적인 관계를 유지해야 하고, 계약 사항을 위반하지 않기 위해 최선을 다해야 하기 때문이다. 이것은 카페에서도 마찬가지다. 당신의 카페 업무, 당신과의 인간적인 관계, 소통방식, 업무처리 방식 등이 신규 채용한 직원과 맞는지 서로 알아보는 충분한 기간이 필요하다. 통상 2~3개월 정도의 기간은 수습 기간으로 두고 그 이후 정직원으로 전환할 수 있도록 계약을 체결하라. 그것이 서로 알아가는 단계인 첫 단계에서 당신과 당신의 직원에게 모두 유리하다.

다섯째, 당근이 있다면, 채찍도 있어야 한다.

인센티브는 있는데 책임은 없다? 그런 것은 없다. 당근만 있는 관계를 사회에서는 호구라 한다. 당신이 사장님만큼 인센티브나 성과에 대한 보상이 구체적이라면 실수와 잘못에 대해서도 엄격하게 책임을 물을 수 있어야 한다. 직원과 당신이 서로 직급상 수직적인 관계이지만 계약상 상호 수평적인 관계임을 직원에게도 알려줄 필요가 있다. 카페에서 1근무 타임당 1~2번의 실수가 일어나면 하루 중 2~3근무 타임이 있다면 3~6개의 실수가 발생하는 것이다. 직원 1명, 또는 아르바이트생 1명이 1번 실수하는 것이 당신에게는 하루 4~5번의 실수, 한 달 100번이 넘는 실수와 손해로 이어진다. 이런 일이 일어나고 있음을 직원이나 아르바이트생에게 충분히 고지하고 잘한 일에는 보상이, 실수와 잘못에 대해서는 책임이 따름을 정확히 명시하라.

인간에 대한 존중은 두려움에서 나온다는 말이 있다. 당신이 두려운 사람이 되기를 바라지는 않지만, 존중받는 사장님이 되기를 바란다. 자상한 사장님인 동시에, 엄격한 사장님이 되기를 바란다. 당신이 직원들을 존중하는 만큼 당신이 존중받기를 바란다. 모든 관계가 그러하듯 먼저 존중하고, 존중한 만큼 존중을 돌려받을 것이다.

Part 7

노하우

기존 프랜차이즈와는 다른 카페홈즈만의 노하우 6가지

노하우 : 어떤 일을 오래 함에 따라 자연스럽게 터득한 방법이나 요령

모두가 꿈꾸는
'풀 오토' 매장

카페홈즈가 가맹 사업을 시작하고 가장 많은 질문을 받고, 가장 뜨거운 관심을 받았던 부분이 '풀 오토(Full Auto)' 매장이란 것이었다. 그렇다. 나도 공동대표도 매장에서 직접 실무로 일하는 시간이 0에 가깝기에 풀 오토 매장이 맞다. 그래서 당신이 프랜차이즈 카페를 운영하든, 또는 할 계획이든, 개인 카페든 상관없이 어떻게 풀 오토 매장이 가능해졌는지를 알려주겠다.

1. 위임의 위임

위임하라는 말은 자기계발 서적, 사업 관련 서적, 기타 경영 및 운영에 관한 책이라면 끝없이 등장하는 말이다. 당신이 하는 일을 누군가에게 위임하라는 것. 그러나 여기서 '어떤'일을 위임하고, '어떻게' 위임할 것인가에 대해서는 다소 난해하거나 어려운 부분이 있다. 당연하다. 당신이 어떤 컨디션인지를 정확하게 알 수 없기에 조금 추상적인 표현을 빌려 설명할 수밖에 없는 한계가 있기 때문이다. 또한 위험해보인다. 당신이 카페와 관련한 운영의 전권을 모두 한 명에게 위임했는데, 그 한 명에게 이상이 생기면? 위험하다. 또는 그 한 명이 당신과 배척 점에 서는 관계로 돌아선다면? 위험한 일이다.

이제 아주 손쉬운 예시를 통해서 접근해보자. 당신이 대기업에 근무하고 있다. 대리에서 팀장급으로 승진하게 되었다. 부서 이동은 없다. 당신이 하던 직급의 일들은 이제 누군가가 승계받아 대신 일해야 한다. 당신은 더 이상 그 일의 담당자가 아니다. 당신은 당신 후임을 위해 그 일을 어떻게 해야 하는지를 알려주고 '관리'만 하게 될 것이다. '전문'으로 하던 일을 '관리'만 하게 되는 것이다. 그리고 관리자가 된다. 전문가에서 관리자가 되는 것이다.

즉, 당신이 카페의 운영, 재고, 사람 등 관리에 관한 모든 것을 누군가에게 위임할 때는 '전문적인 일'을 위임하며 '일에 대한 관리'만 하게 된다. 그러나 '관리'도 일이다. 이제 당신이 할 일은 무엇인가. 마침내 '관리'도 위임하는 것이다.

카페의 현장으로 가보자. 실무에 능한 직원에게 인력, 재고, 시간 등 카페와 관련된 모든 운영에 관한 최종 보고가 가도록 구조를 만들어야 한다. 업체 담당자, 배민 담당자, 아르바이트생, 고객들이 모두 그 직원을 '사장'으로 인지하게 만들어라. 그리고, 당신은 그 직원에게 보고를 받아라. 그리고 여력이 된다면 직원 또한 모든 것을 누군가에게 보고 받게 만들어라. 대단히 큰 조직에서만 가능할 것 같지만, 점장과 부점장 2명만 있으면 가능한 일이다.

당신은 점장에게 위임하고, 점장은 부점장에게 위임하는 구조가 만들어진다. 마침내 당신은 사업주 또는 작더라도 기업가가 되는 것이다. 점장은 관리자. 부점장은 전문가가 되는 것이다.

위임을 위임한다는 것은 전문가를 관리자로 만드는 과정이다. 가장 먼저 전문가였던 당신은 관리자가 되고, 점장은 전문가가 된다. 그리고 마침내 전문가였던 점장까지 관리자가 된다. 이것이 위임의 위임이다. 풀 오토 매장이라는 것은 이렇게 실현된다.

2. 오토 매장의 영업이익의 기준 > 7%

결국 1번 과정이 구현되면 당신은 시간을 얻게 된다. 돈은 적게 벌 수밖에 없다(당신이 직접 일하는 것보다). 1번 구조로 운영되고 있는 전국의 카페 브랜드는 1곳 밖에 없다. 스타벅스다. 스타벅스의 작년 영업이익은 7%다. 당신이 월 3,000만 원 매출이 나는 매장을 '오토'로 운영한다면 월 200만 원 정도를 실제 영업이익으로 가져가면 스타벅스와 같이 운영을 잘했다는 뜻이다.

풀 오토 매장에 영업이익 15~20%가 가능한 것은 본사 직영, 본사밖에 없다. 프랜차이즈 가맹이라면 절대 가능한 수치가 아니다. 개인 카페라면 원가와 매출 관리를 어떻게 하느냐에 따라서 구현할 수 있는 수치다. 풀 오토 매장을 꿈꾸면서 영업이익은 15~20%를 구현하고 싶다면 프랜차이즈를 해서는 안 된다. 그것은 불가능하다.

3. 한비자의 인재 관리법

동양의 가장 유명한 철학자이자 인재의 관리에 관해 역술했던 한비자(韓非子)는 이런 말을 한 적이 있다. 바른 말을 하는 사람은 하책, 바른 행동을 하는 사람은 중책, 바른 결과를 만들어내는 사람은 상책이라고 했다. 그러나 그는 동시에 엄격하게도 바른 말과 바른 행동을 했음에도 결과가 좋지 않을 경우를 하책으로 봤다.

예시를 들어보자. 어질러진 거리에서 쓰레기를 버리는 사람에게 "쓰레기 좀 버리지 맙시다!"라고 말하는 사람이 있다. 이 사람은 하책이다. 그러나 "아무데나 사람들이 쓰레기를 버리네, 개념이 없네! 개념이 없어"라고 말을 퉁명스럽게 하며 쓰레기를 묵묵히 줍는 사람이 있다. 이 사람은 중책이다. 그리고 이 모든 것을 가만히 지켜보며 '그 거리에 어떻게 하면 사람들이 쓰레기를 안 버릴 수 있을까?'를 고민하며 구청에 민원을 넣고, 거리를 깨끗하게 만들 방안을 생각해내 마침내 그 거리에 모두가 쓰레기를 버리지 않게 하는 사람이 있다. 이 사람이 상책이다.

당신의 직원도 이와 같이 관리해야 한다. 정확한 원칙과 기준에 따라서 관리해야 한다는 뜻이다. 실수가 잦아도 착하니까 챙겨주고, 엄격하게 일 처리를 잘함에도 내성적이고 조용하다고 보상을 주지 않는다면 그건 풀 오토 매장을 꿈꾸는 당신이 가져야 할 태도가 아니다.

규칙과 상벌을 명확히 해야 한다. 월 N천만 원 달성 시 1%의 매출을 직원들을 위한 인센티브로 명시하거나, 지각이 2회 이상 누적되면 경고와 그에 따른 벌이 있어야 한다. 시급을 영향을 주는 것이 아닌, 화장실 청소, 창고 정리. 분리수거 같은 실질적인 추가 노동이 드는 업무를 할당하라.

직원들의 말과 행동 결과를 일치시키고 책임지는 구조를 만들어야 한다. 당신이 자리를 비워도 당사자가 책임지고 문제를 해결하고, 그에 따라 점장과 부점장이 어떤 일이 벌어지는지를 보고 받고, 최종적으로 문제가 해결된 채로 당신에게는 최종 보고만 오도록 만들어야 한다. 작은 카페여도, 할 수 있다.

4. 공유와 보고의 기록

카페에서는 주문 실수가 자주 일어난다. 전날 오후에 일어난 주문 실수로 인해 다음 주문 때 누락된 메뉴를 보내주기로 했는데, 이 사실을 알지 못하는 당시 근무자가 또 메뉴를 누락시키는 일은 아주 비일비재하게 발생한다. 커피머신이나 기타 장비의 이상이 생겨서 다음 날 다른 타임의 근무자가 이 업무를 이어서 해야 하는데 자기 일이 아니라고 생각하는 것은 두말할 것도 없다. 이런 일이 발생하지 않게 하기 위해서는 사소하든 크든 업무는 모두와 함께 '공유'되어야 한다. 카페홈즈는 포스기 옆에 작은 노트북이 항상 24시간 켜져 있다. 당일의 플랫폼별 매출을 기록함과 동시에 24시간 연속으로 이어지는 근무 타임별 특이 이슈를 기록하는 용도다. 다음 타임 근무자는 출근과 동시에 전 타임 또는 전일 근무 타임에 무슨 일이 있었는지를 보고, 인지한 채 업무를 하게 된다. 1일 단위로 해결된 업무들은 삭제되고, 연속적으로 진행되는 업무는 본인의 근무시간 때에 처리한다. 문제가 발생한 시점에 근무자의 이름이 명시되고, 해당 문제를 해결한 사람의 이름도 (본인이) 명시한다. 어떤 식으로 문제를 해결했는지도 기록한다.

모두가 어떤 일이 일어났는지 알 수 있고, 점장, 부점장은 아르바이트생 또는 다른 직원들의 문제 해결 능력을 항상 지켜보고 관리할 수 있다. 작은 카페도 이렇게나 조직적으로 운영될 수 있다. 이것이 당신이 없어도 돌아가는 24시간 365일 풀 오토 매장의 비결이다.

5. '최종' 책임은 당신이다

최종 책임은 당신이다. 이것을 잊어서는 안 된다. 당신이 사장이다. 최종 책임은 당신이다. 당신이 없어도 돌아가는 매장이지만, 모든 문제의 책임의 끝에는 당신이 있음을 명심하라. 직원들에게 누차 했던 말이 있다. 밖에 비가 오고 눈이 올 때 집에 있어도 카페를 생각하는 사람은 나와 공동대표 그리고 카페 점장밖에 없다고. 매장 밖에 있어도 매장을 생각하고, 특이 사항이 없는지를 상시 체크하고, 실무에서 벗어나도 관리자로서 사업가로서 책임을 다해야 한다. 간섭이 아닌 관심을 가지고 매장의 컨디션을 체크하라. 가장 높은 위치에서 보고, 가장 낮은 위치의 업무를 확인해야 한다. 카페 앞의 담배꽁초를 줍고, 간판이 더러우면 청소하라. 카페 바닥을 쓸고 닦아라. 매장 안에 들어가서 실무를 도와주는 것보다 아무도 하고 싶어 하지 않지만 해야만 하는 일을 가끔 당신이 하라. 이런 모습들은 직원들이나 아르바이트생이 보는 앞에서 하는 것이 더욱 좋다. 아무도 보지 않을 때 몰래 하는 것은 아무 의미가 없다. 늘 항상 신경 쓰고 관심이 있음을 보여주고, 실제로 그렇게 하라. 다시 한번 말하지만, 최종 책임은 당신에게 있기 때문이다.

내가 말한 5가지 원칙이 지켜진다면 당신도 당신이 없어도 되는 풀 오토 매장을 가질 수 있다. 그러나 당신이 없어도 운영되는 매장이지 당신이 신경조차 안 써도 되는 매장은 아니다. 운영은 당신이 없어도 되도록, 방향과 의사결정은 당신이 하도록 하라.

고객의 입맛을 사로잡는
바로 그 맛

고백할 것이 있다. 사실 나는 커피 맛을 잘 모른다. 또 고백할 것이 있다. 사실 나는 쿠키 맛을 잘 모른다. 그렇지만 안다. 뭐가 맛있는지 뭐가 맛이 없는지 알고, 내 입맛보다 소비자의 입맛이 중요하다는 사실을 알고, 내가 흔히 먹던 저가 커피가 맛이 없다는 사실을 안다. 똑같은 1,500원 커피여도 2개의 커피 중 어떤 커피가 더 맛있는지 비교할 수 있다는 사실을 안다. 똑같은 쿠키여도 어디가 더 맛있는 줄 안다.

미묘한 단맛, 어떤 버터를 썼는지, 풍미가 어떠한지, 식감이 어떠한지, 꾸덕꾸덕한지, 쫀득한지, 바삭거리는지는 잘 모른다. 그러나 소비자의 반응이 어떤지, 대중성이 있는지, 여러 고객이 좋아하는지를 관찰하고, 반응을 확인하고, 그 반응을 수렴할 줄 '안다.' 여기에 내 고집은 없다.

철저하게 소비자의 눈으로 1,500원 이상의 맛이 있는지, 이 가격에 이 쿠키를 어디서도 먹을 수 있는지, 대체는 가능한지를 검증할 뿐이다. 이것이 내가 당신에게 하고 싶은 말이다.

장사를 잘하고 싶은가? 자기애를 내려놓아라. 조금 더 강하게 말하자면 당신의 의견 따위는 중요하지 않다는 말이다. 당신이 고집스럽게 쓰는 그 원두, 당신이 고집스럽게 주장하는 그 맛, 고급스러운 머신, 좋은 재료, 이런 것은 중요하지 않다. 철저하게 자기애를 내려놓고 소비자의 눈으로, 소비자의 입맛으로 당신의 가게를 점검할 줄 알아야 한다.

중이 제 머리를 못 깎는다는 말이 있듯이 소비자일 때는 깐깐하던 당신이 당신의 가게와 당신이 만든 메뉴에는 한없이 관대해질 수 있음을 경계해야 한다. 왜냐하면 먹을 때는 1,500원 주고 잠깐 기다리면 나오던 아이스아메리카노지만, 당신이 만들기 시작하면 홀더, 빨대, 컵, 원두, 머신, 템핑기, 추출 시간, 얼음의 양, 물의 양, 모든 것을 하나하나 조절해서 만드는 어마어마한 음료가 되기 때문이다.

소비자는 그런 것은 잘 모른다. 그러니 자기애를 내려놓고 철저하게 소비자의 눈으로 당신의 모든 메뉴를 점검해야 한다.

그래서 카페홈즈는 원두 업체 선정에서만 30곳을 넘게 비교했다. 쿠키 레시피를 수십 번 수정했다. 단 하나를 위해서. 10명 중 8명이 맛있다고 할 때까지. 2명이 내 입맛에는 안 맞지만 누군가는 좋아하겠다고 하고, 8명이 맛있다고 할 때까지.

원두를 연구하지 않았다. 그것은 내가 할 일이 아니니까, 원두를 내가 연구하기 시작하면 고집과 의견이 반영되니까. 쿠키 레시피를 연구하지 않았다. 베이킹 전문가에 비하면 내가 하는 의견은 참견밖에 되지 않을 테니까.

그저 맛보고, 다른 곳에 가서 맛보고, 돌아와서 카페홈즈 음료를 맛보고, 다른 곳에서 맛봤다. 다시 돌아와서 맛봤다.

파티쉐가 10시에 쿠키가 다 만들어졌다고 하면, 10시에 가서 먹어봤다. 11시에 쿠키가 만들어지는 날이면, 11시에 가서 쿠키를 먹어봤다. '맛있다'라는 소리가 나올 때까지 먹었다. 쿠키를 좋아하지 않는 내가 먹어도 맛있어야 하니까.

이것이 당신에게 하고 싶은 이야기다. 당신의 의견, 당신의 고집을 내려놓고, 소비자의 눈으로 소비자의 입맛으로 당신의 가게에서 판매하는 모든 메뉴를 먹어봐야 한다.

변명하지 말고, 자기애를 내려놓고, 소비자의 피드백을 받아들여야 한다. 여담이지만 자주 가는 삼겹살 가게가 있다. 사장님은 매일 본인 가게로 들어오는 삼겹살을 구워서 먹어본다. 매번 갈 때마다 삼겹살 맛을 물어본다. 나는 부려야 할 고집이란 이렇게 부리는 것이 맞다고 본다.

정성과 진심이
마케팅이 되는 순간

마케팅은 고객을 설득해서 당신의 가게와 상품 앞에 데려다놓는 것이다. 세일즈는 당신 앞에 있는 고객에게 적절한 상품을 파는 행위다. 1,500원의 커피를 마시러 온 고객에게 10,000원어치의 쿠키를 파는 것은 세일즈고, 1,500원의 커피를 홍보하는 것은 마케팅이다.

자영업을 시작하면 마케팅이 중요하다는 소리는 늘 들어서 체험단, 네이버 광고, 인플루언서 광고, 유튜브, 언론, TV, 라디오, 블로거 등을 기웃거릴 수 있다. 물론 마케팅에 대한 개념이 있고 기존 경험이 있다면 이런 여러 수단은 당신의 가게에 도움이 될 수 있다.

그러나 어설프게 시도하는 마케팅은 그 결과를 얻을 수 없고 헛돈만 날릴 뿐이다. 그럴 바에는 정성과 진심을 마케팅으로 만드는 것이 낫다. 정론처럼 들리는가? 그래서 카페홈즈가 실제로 했던 정성을 마케팅으로 만든 방법들을 소개한다. 당신은 나보다 더 잘할 수 있다.

카페홈즈는 배달 커피를 시키는 사람들, 특히 오후 11시 이후 사무실 근처에서 주문이 들어올 때 온열 찜질 기능이 있는 안대를 같이 동봉해서 보냈다.

때때로는 발의 피로를 풀어주는 발 찜질 팩도 같이 보내고, 초콜릿 몇 개를 같이 보내주기도 했다.

음료에 직접 써붙인 메모

출처 : 저자 작성

시키는 장소에 따라 야근을 응원하는 글을 써서 같이 배달했고, 거리가 가까울 때는 대표가 직접 도보 배달을 하기도 했다. 그날 생과일주스로 만든 과일이 남으면 과일 몇 조각도 같이 보냈고, 쿠키를 만드는 재료들이 남으면 미니 쿠키를 만들어서 같이 보냈다.

주문이 빠지거나 실수가 발생하면 다음 번 주문에 덤을 보냈고, 단골에게는 신메뉴를 맛보이기도 했다. 시식용 쿠키를 만들어 1,500원 아이스 아메리카노를 시키는 사람들에게도 맛보였으며, 단체 주문하는 고객을 위해서는 전용 패키지를 만들기도 했다.

마케팅은 고객을 설득해 당신의 상품과 가게 앞에 주문하기 위해 데려다놓는 과정이라고 말했다. 카페홈즈는 우리의 진심을 글로, 쿠키로, 패키지로, 도보 배달로, 온열 안대로 전달했다. 고객은 우리의 진심에 좋은 리뷰로 답했고, 재주문이라는 '구매'로 이어졌다. 좋은 리뷰는 더 많은 고객을 데려왔고, 더 많은 고객은 매출의 증가를 만들어냈다.

카페홈즈 패키지

출처 : 저자 작성

카페홈즈 긍정 리뷰 출처 : 저자 작성

주문 많은 순 1위 출처 : 저자 작성

매출이 커지기 시작하자, 주문 많은 순 매장 1위를 달성하고 이제는 마케팅이 없어도 고객들이 찾아오는 매장이 되기 시작했다. 누군가 우리에게 카페홈즈만의 마케팅 방법이 뭐냐고 물어보면 우리는 늘 한결같이 말한다.

"정성과 진심을 전달하세요. 꾸준히. 반응이 올 때까지. 우리는 이걸 기본이라고 말하고 정성과 진심을 마케팅으로 만드는 순간이라고 말합니다. 정성과 진심이 기본이 될 때, 그리고 그 기본이 유지될 때 비로소 고객은 설득되고, 당신의 카페로(가게로) 찾아오거나 주문합니다."

카페홈즈만의 마케팅 방법,
5가지 특급 비밀

이미 앞에서도 카페홈즈에서 효과를 봤던 몇 가지의 마케팅을 소개한 바가 있다. 당신의 카페에서 바로 적용할 수 있었던 방법들이지만, 지금 소개하는 방법들은 당신의 카페에서 할 수도 있고, 못 할 수도 있다. 그러나 카페에서 이런 마케팅적 접근한다는 '사실'을 알게 되면 당신의 사고방식이 바뀌게 될 수도 있고, 무엇보다 사고의 작은 틀을 깨주는 계기가 될 수 있다.

1. 온라인으로 팔아라

사고의 방식을 바꾸어 보겠다. 당신의 카페에서 취급하는 모든 메뉴를 오프라인 고객, 배달 앱 고객에게만 팔아야 할까? 아니다. 온라인으로, 전국으로 팔 수 있다. 조금 과장해서 말하자면 전 세계로도 팔 수 있다. 카페홈즈는 직접 만드는 쿠키를 쿠팡으로, 스마트스토어로, 납품용으로 전국에 팔았다. 쿠팡에서는 개인 크리에이터를 섭외해 방송을 진행했고, 비용은 후 정산 방식으로 매출의 10%를 주는 조건으로 방송 시간당 쿠키를 100만 원어치씩 팔았다.

스마트스토어에서도 팔았다. 전국에서 카페홈즈를 알고 연락하는 소비자들에게 팔았다. 유명 프랜차이즈 카페에서 대량 납품 제안도 받았고, 몇몇 카페 사업자들에게는 대량으로 팔았다. 카페홈즈는 쿠키처럼 자체 제조할 수 있는 디저트가 있어서 가능한 것 아니냐고 묻는다면, 이렇게 말해주겠다. 당신 카페에서 공급받는 마카롱을 당신의 브랜드 이름으로 팔아라. 당신이 받아 쓰는 원두는 당신 카페만의 원두 배합비일 테니 그 원두를 온라인으로 팔아라. 한계는 없다. 당신 생각의 한계만 있을 뿐.

2. 온라인을 넘어선 또 하나의 오프라인

온라인으로 팔고, 오프라인으로도 나가라. 카페홈즈는 오프라인 카페&디저트페어에 참석해 전 직원이 쿠키를 들고 참가했다. 온라인에서 보고, 예쁜 사진을 보고, 후기를 보는 것보다 강력한 마케팅이 '직접' 맛보게 하는 것이었다. 그래서 오프라인으로 나갔다. 같은 카테고리 내에서 전시회에 참석하는 것은 수많은 비즈니스 관계자, 카페 창업을 고려하는 사업자, 기존 카페를 운영하는 사업자 등을 만날 수 있는 어마어마한 기회다. 당신에게 어떤 기회가 다가올지, 당신이 당신 카페에 적용할 어떤 기회를 발견하게 될지 모른다.

매장 밖으로 나가서 같은 카테고리의 다른 사업자들, 고객들을 만나라. 새로운 기회가 그곳에 늘 있다. 기회의 신은 앞머리가 길고, 뒤통수는 민머리여서 지나고 나면 늦어서 잡을 수 없다고 했다. 참여자로 나가든, 방문객으로 가든, 카페&베이커리 페어든, 커피 쇼든 가서 보고, 연락처를 얻고, 당신의 명함을 건네고, 새로운 기회를 발견하라.

3. 말도 안 되는 신메뉴

프랜차이즈라면 신메뉴를 끝없이 출시하는 본사를 선택해야 한다. 그런 프랜차이즈를 운영하는 점주라면 신메뉴가 출시되었을 때 앞장서서 홍보하라, 본사라면 신메뉴를 만들고 테스트하고 반응을 확인하라. 카페홈즈는 여름에 슬러시를 팔았다. 당신이 초등학교 문방구에서 먹었던 그 슬러시를 말이다. 여름철 공동대표 및 카페 이사와 함께 베이킹 장비를 구매하고 오던 날, 근처의 지역 시장을 방문했다. 시장 내에 있는 슬러시 머신을 보고 다 같이 한번 먹어보기로 했고, 그날 바로 슬러시 기계를 대여하는 곳에 전화해 다음 날부터 슬러시를 팔았다. 의사결정에 대해 의논할 사람 모두가 찬성한 사안이니 안 팔 이유가 없고, 원가가 너무나 저렴했다. 게다가 근처 카페에서는 어느 곳에서도 팔지 않았기 때문이다.

카페홈즈 여름 신메뉴 슬러시   출처 : 저자 작성

슬러시의 원가는 1잔에 컵과 모두 비품을 합쳐도 500원 수준이다. 2,500원에 한 잔 가득 팔았다. 하루 수십 잔이 팔렸고, 수십만 원을 하루에 여름 내내 팔았다. 여름의 효자 상품이 되어주었다. 카페홈즈는 남들보다 조금 더 빠르게 시즌 메뉴와 신메뉴를 런칭했고 결과가 안 좋아도, 안 되는 메뉴를 알았으니 다른 메뉴를 개발해 또 팔았다. 젤라또도 팔아봤고, 다른 카페 음료 중 먹어보고 맛있는 메뉴는 어떻게든 꾸역꾸역 만들어서 팔아도 봤다. 실패는 과정이지 결과가 아니다. 신메뉴를 끝없이 만들고 팔아라.

4. 반 박자 빠르게

20대 시절 사업으로 수백억을 벌어본 50대의 클라이언트를 만난 적이 있다. 그분이 나에게 이런 말씀을 해주셨다. "장 대표, 사업에 성공하려면 어떻게 해야 하는 줄 아나?" 나는 "모릅니다. 방법이 있습니까?"라고 여쭈었고, 그분은 이렇게 답해주셨다. "반 박자만 빠르면 돼. 한 박자가 빠르면 언제 올지 차례를 모르고, 한 박자가 늦으면 너무 늦은 거야. 반 박자만 빠르면 남들보다 앞서서 선점하고 있으면서 때가 오기를 기다리기만 하면 돼. 시간이 자네 편이야!"

당시에 나는 몇 번의 사업 실패와 몇 번의 사업적 성공을 번갈아 하던 찰나였기에 어렴풋이 알 듯했고, 이제는 조금 더 정확히 알고 있다.

3번 신메뉴에서도 잠시 말했지만, 카페홈즈는 남들보다 빠르게 시즌 메뉴를 출시했다. 여름이 오기 전 여름 메뉴를, 겨울이 오기 전 겨울 메뉴를 출시했다. 패션쇼를 본 적이 있는가? 겨울에 S/S(Spring / Summer = 봄 / 여름) 시즌 패션쇼가 열리고, 매대에는 봄 상품이 진열된다. 여름에 F/W(Fall / Winter = 가을 / 겨울) 시즌 패션쇼가 열리고, 백화점 매대에는 벌써 코트와 패딩을 판다. 겨울 멋쟁이는 얼어 죽고, 여름 멋쟁이는 더워 죽는다는 말이 패션계에는 농담처럼 있다고 하나 사업적 본질을 관통하는 말이다.

조금만 주위를 둘러봐도 반 박자 빠른 사업이 '돈'이 되는 것을 볼 수 있다. 코로나19로 온 국민이 불안에 휩싸였을 때 일회용 마스크와 소독용품을 미리 팔고 선점하고 있던 사업자들은 기회를 맞이했다. 후쿠시마 오염수가 바다로 흘러 들어가자 불안감에 소금을 사는 사람들이 증가했고, 천일염 가격이 뛰었다. 미리 소금을 갖고 있던 사람들과 팔던 사람들은 수요가 몰리니 공급 가격을 올렸고, 그런데도 소금은 불티나게 팔렸다. 그저 우연한 기회와 때가 좋아서, 시기가 맞아서라고 생각한다면 운에 기대어 가게를 운영해야 한다.

카페의 인기 디저트는 유행처럼 돌고 돈다. 카스테라 빵이 유행하다가 사라졌고, 크로플이 유행하다가 인기가 식었고, 크림빵이 잠깐 반짝했고, 소금빵이 대란이었다. 당신이 할 것은 유행하기 전에 먼저 무엇이든 팔아보고, 시도해보고 반 박자 빠르게 행동하면 된다. 겨울이 오기 전에 겨울 메뉴를 팔기는 쉽고, 여름이 오기 전에 여름 메뉴를 파는 것도 어려운 일은 아니다. 무엇이 유행할지 모른다면, 무엇이든 유행할 때까지 진득하게 기다리거나, 반 박자 빠르게 움직여야 한다. 배민이 처음 나왔을 때 빠르게 입점한 업체들이 가장 빨리 자리를 잡고 돈을 벌었고, 키오스크가 등장하고 폴딩 도어로 인테리어를 변경하는 프랜차이즈 매장들이 생길 때, 초기 프랜차이즈 가맹점주가 가장 돈을 잘 벌었다.

'반 박자 빠르게'라는 말은 2가지 의미가 있다. 시대를 앞서서 보는 통찰(거인의 어깨에 올라 앞을 내다보거나)을 기르거나, 남들보다 조금 더 부지런하게 발 빠르게 행동하거나. 이 말을 당신의 카페에, 당신의 가게에 적용하라.

5. 결국 본질! 당신의 카페여야 하는 이유

앞서 중간중간 몇 번씩 말했다. 결국, 앞에서 말한 모든 것을 뛰어넘는 단 1가지 마케팅 비법. 당신의 카페여야만 하는 이유를 만들어라. 토스트는 이삭 토스트다. 불친절한 가게가 있을 수 있겠지만, 맛은 정말이지 대체할 수 없다. 빙수는 결국 돌고 돌아 설빙이다. 좌석이 조금 불편하고, 매장이 거의 2층에 있고, 위생 논란이 있었다고 하지만, 빙수는 설빙이다. 샌드위치는 써브웨이다. 신선하고, 모든 메뉴를 보며 직접 고를 수 있고, 내 입맛대로 만드니, 대체할 수 없다. 커피는 스타벅스다. 내 입맛에는 별로일 수 있더라도, 커스텀화된 음료와 좌석의 쾌적성과 나라는 한 명을 신경을 쓰지 않지만 모든 개인을 신경 쓴 듯한 매장의 분위기는 대체할 수 없다. 테크닉 이전에 체력, 체력 이전에 기본이 있어야 한다.

당신의 카페여야만 하는 이유. 그 하나가 압도적이고, 대체할 수 없다면, 그것이 가장 강력한 마케팅이다.

장사의 맛

이 글을 읽기 전에, 당신이 생각하는 장사의 맛이 무엇인지 잠시 생각해 보자.

때때로 장사의 즐거움은 육체의 힘듦도 잊게 했다. 카페홈즈는 배달과 테이크아웃이 모두 자리를 잡고 난 후 24시간 365일 영업이라는 방침을 세웠다. 하루도 쉬지 않고, 365일 장사를 한다는 것은 자신도 고객과도 지키기 힘든 약속이었다. 그러나 하루도 쉬지 않는다는 것을 고객들이 알기에 특정 연휴(설날/추석/공휴일 연휴/휴가철)에 카페홈즈는 정말 '불티'나게 팔았다. 10평 카페가 일 매출이 300만 원이 넘는 날도 있었고, 카페&베이커리 페어에 쿠키를 챙겨 참석했을 때는 1시간에 100만 원이 넘게 쿠키를 팔기도 했다.

좋은 리뷰가 가득 달렸던 날도, 감동적인 리뷰가 달렸던 날도 있었고, 매장에 문제가 생겨서 잠시 영업을 중단하고 매장에 신경을 쓰느라 잠 못 드는 날도 있었다. 그런데도 지나간 일들은 모두 즐거운 기억으로 남아있다. 힘든 날들은 에피소드로, 좋았던 날들은 추억으로 남게 된다는 것을 장사하며 깨달았다.

비가 억수 같이 쏟아지는 날에는 배달이 되지 않으면 차를 끌고 나와 배달했고, 눈길이 미끄러워 배달이 잠시 중단되는 날에는 오토바이를 끌고 나와 배달했다. 한 여름철 배달료를 줄여보고자 스쿠터를 구매해 카페 직원들과 유니폼을 입고도 배달했다.

배달료를 아끼기 위해 직접 배달을 했다.   출처 : 저자 작성

추석과 설날에는 근무자를 구할 수가 없어 고향을 내려가는 것을 포기하거나 당일 잠시 갔다 온 후 카페에서 일을 했다. 쿠키를 처음 만들던 날들은 베이킹 도매 시장으로 가서 두 손 가득 들 수 없는 재료를 사서 오고는 했고, 전문 지식이 없기에 베이킹 전문가가 쿠키를 만들던 날들에는 베이킹실 옆에서 한 달 넘게 머무르며 같이 땀을 흘렸다. 갓 나온 쿠키를 질리도록 먹고, 기름기 묻은 베이킹 판을 설거지하던 밤들이 있었다.

쿠키 판매량이 많아지자 새벽이 되도록 베이킹실에 머무르며 쿠키를 같이 만들었고, 새로운 장비를 사기 위해 이름도 모르는 동네에 가서 베이킹 장비를 사기도 했으며, 건물에 배인 눌어붙은 쿠키 냄새를 지우기 위해 세제 통을 들고 바닥을 닦던 날들이 있었다.

아무도 알아주지 않아도 모두가 이렇게 일하고 있다는 것을 알기에 묵묵히 하루를 보내던 숱한 밤들이 있어서 지금의 카페홈즈가 있다.

많은 사람이 카페홈즈를 스쳐 지나갔고, 많은 고객을 만났고, 많은 일이 있었다. 동료가 있었고, 믿음직한 직원이 있었고, 단골이 있었다. 쉽지 않았지만, 같이 이겨낼 사람들이 있었다.

이것이 장사의 맛이다. 당신에게 해주고 싶은 말도 이것이다. 일은 아무리 어렵고 힘들어도 능히 해낼 수 있다. 함께하는 사람들이 좋다면. 그러나 아무리 쉽고 좋은 일도 같이 일하는 사람과 마주하는 사람들이 당신을 힘들게 한다면 그곳이 지옥이 된다. 장사의 맛이란 결국 인간미(美 : 아름다울 미)를 보는 날이면서, 인간미(味 : 맛 미)를 맛보는 날들이다.

정신없이 바쁜 순간, 스트레스받는 나날, 힘든 순간들이 당신을 찾아올 것이다. 그러나 '그 순간들은 모두 지나가고 단편의 기억으로만 남게 된다. 세상에서 가장 현명했던 왕이라 불리는 솔로몬의 반지 안에는 이런 문구가 적혀 있었다. 그가 너무 힘들고 고통스러운 날들을 보낼 때마다 봤다던 문구. 이 또한 다 지나가리라.' 그렇다. 그 또한 다 지나가고 그 순간을 함께 보내던 사람들만 남는다. 그러니, 장사의 맛이 돈 버는 맛이라고 생각한다면 그건 그저 과정 중에 얻어지는 달콤한 과실일 뿐 최종 결과물이 아니란 사실을 말해주고 싶다. 사람만이 남고, 그것이 장사의 맛이다.

무조건 살아남는
운영 노하우

강한 자가 살아남는 것이 아닌, 살아남는 자가 강한 것이라는 말은 자영업의 세계에서도 진리처럼 여겨지는 말이다. 말장난 같지만 맞는 말이다. 대다수의 카페가 망한다. 프랜차이즈 매장도 치열한 경쟁 속에서 잘되는 매장과 안 되는 매장이 눈에 띄게 차이가 나고, 개인 카페는 여지없이 망해간다. 특색과 콘셉트가 없는 매장들이 언제 거기 있었는지도 모르고, 몇 번씩 주인이 바뀌는 것을 봤다.

상위 1% 카페가 되는 법이나, 필승 전략 같은 것이 있을까를 고민했고, 치열한 프랜차이즈 경쟁에서 카페홈즈는 가야 할 길이 어디인지 수많은 밤을 고민했다. 내 고민이 누군가에게는 이정표가 될 수 있기에 현명한 답을 찾으려 했다. 그리고 그 고민에 대한 내 나름의 답을 당신에게 들려주고자 한다.

잠시, 당신의 입장이 되어보고자 한다. 이 책을 어디선가 집어 들고 있는 당신을 나는 상상해본다. 나이는 어떨까? 카페를 시작하고 싶은 꿈을 가진 사람일까? 아니면 이미 카페를 운영하고 있을까? 장사가 잘 안 되는 카페의 사장님일까? 또는 대형 카페의 사장님일까? 프랜차이즈에 근무하는 슈퍼바이저일까? 프랜차이즈 가맹본사 대표일까? 또는 가맹점주일까? 나와 인연이 닿았던 점주일까? 카페와는 연관이 없더라도 자영업에 종사하고 있는 사장님일까?

당신은 어떤 사람일까? 그러나 하나는 확실하다. 장사로 무조건 살아남아야 하는 사람이라는 것이다. 막중한 책임감으로 오늘 하루를 살아야 하는 사람일 것이다. 직원들도 아르바이트생도 가족도 챙겨야 할 사람이 많은 그대일 것이다.

그러니, 살아남아야 할 것이다. 그래서 이 책을, 이 장을 펼쳤을 것이다.

이제, 내 이야기를 잠시 하겠다. 작게 시작했던 카페는 큰 사랑을 받았다. 오픈한 지 3개월도 되지 않아 지역 내 1위 매장이 되었고, 아르바이트생은 많아졌다. 직원도 늘어났고 사장님 소리를 듣게 되었다. 늘어나는 매출만큼 고정비도 커졌다. 매달 장사가 잘되어도 불안감과 함께 잠이 드는 순간이 많았다. 그래서 매일 늦은 밤 내 불안함을 갈무리하고 퇴근했다. 직원들과 아르바이트생과 고객들에게 그 불안함이 들키지 않도록.

매장 바닥을 늘 닦았고, 외부에서 보기에 어지러워 보이는 것이 있으면 치우거나 안 보이게 두었다. 포스터가 구겨지거나 지저분하면 새로 인쇄해서 붙였고, 바람에 세워둔 배너가 날아가면 제일 먼저 주워 왔다. 유리창도, 어닝도, 쇼케이스도 늘 닦았다. 매장 밖으로 나가 길거리를 치우고, 인조 잔디를 매장 앞에 깔아놓았다. 눈이 오면 눈을 치우고, 비가 오면 바닥이 젖지 않게 닦았다. 옷을 단정히 입었고, 별일 아닌 것에도 웃었다.

직원들에게도 즐겁게 일할 수 있도록 최선의 여건을 제공하고자 했다. 일이 쉽든 힘들든 즐거운 것이 더 중요하다고 생각했다. 그 즐거움과 유쾌한 분위기는 고객들에게 전해지니까. 이것이 내가 무조건 살아남는 방법에 대해 내린 결론이고 답이다.

대단한 필살기를 기대했다면 나에게 그런 것은 없다. 그리고 아마 앞으로도 없을 것이다. 이미 충분히 많은 기술적인 접근은 이 책에 담아두었다. 부족한 팁은 블로그에도 써두었다. 그러나 그것보다 더 중요한 것이 바로 이것이다. 당신의 마음.

매장 안에 앉아서 어떻게 하면 잘될까를 백날 고민해도 답은 없다. 밖으로 나와 처음 방문하는 고객처럼 당신 가게를 보라. 문을 활짝 열어 고객이 쉽게 들어올 수 있게. 낡고, 지저분해진 것이 보이지 않게, 쇼케이스에 디저트와 음료가 가지런히 놓여있게, 조명은 환하게, 간판은 깨끗하게 그렇게 유지하라. 처음 들어오는 고객의 머쓱함과 어색함이 당신의 환한 인사로 인해 사라지도록 밝게 인사하라. 처음 주문하는 사람을 단골로 만들겠다는 마음가짐으로, 당신이 만드는 음료가 세상에서 제일 맛있는 음료라는 마음가짐으로 만들어라.

성공은 달성이 아니라 유지다. 목표가 달성할 수 있는 수치라면, 성공은 태도다. 망하지 않으려면, 성공한 사람처럼 늘 행동하라. 그러면 절대 망하지 않는다. 이미 성공한 사람처럼 행동하고, 성공한 사람처럼 사고하고, 성공한 사람처럼 군다면, 당신은 성공한 것이다. 똑똑하게 생각하고, 똑똑하게 행동하고, 똑똑하게 의사결정하는 바보가 있다면, 그건 바보가 아니라 그냥 똑똑한 사람이다. 적어도 그 자신을 제외하고는 세상 사람 모두가 그를 똑똑한 사람이라 할 테니까. 태도가, 습관이, 생각이 당신의 가게를 망하지 않게 할 것이다.

다음은 마지막으로 전하고 싶은 말이다.

작금의 시대는 MBTI가 유행하고 있다. 이 책을 쓰는 시점에는 이미 조금 지나간 유행이지만 MBTI로 서로 다름을 인정하고, 나는 어떤 유형인지를 말한다. 당신은 어떤 유형인지를 묻고, 같은 유형의 사람끼리 공감대를 형성하고, 서로 다름 속에서 연대를 만들어가는 과정을 보고 있다. 둘로 나뉘면 싸움이지만 나누고, 또 나누고, 또 나누니 연대가 되고 즐거움이 된 것이 MBTI를 통해 알게 된 새로운 통찰이다.

MBTI를 말하는 이유는 나는 흔히 말하는 T 유형의 사람이기 때문이다. 직원 중 한 명은 내가 찌르면 기름이 나오는 로봇이라고 말했을 정도로 공감적이기보다는 이성적인 사람이다. 그러나 이 장에서는 잠시 이성적인 T 같은 소리 말고, 공감적인 F 같은 소리를 조금 해보겠다.

당신에게 이런 책을 통해 조금 아는 체를 하기 전까지 내 나이치고는 꽤 험난한 일들이 있었다. 앞으로도 당연히 당신에게도 나에게도 험난한 일들이 있을 것이다. 종교는 없지만, 불교에서 좋아하는 구문이 있다. 두 번째 화살은 피할 수 있다는 것. 우산 없이 길을 나서 내리는 소나기를 피할 수는 없다. 그러나 이미 젖은 옷을 탓하고, 우산 없음을 탓하고, 자신을 원망할 필요가 없다는 뜻이다. 집에 가서 젖은 옷은 빨고, 몸은 따뜻하게 씻고, 다 커서 비도 맞는구나 하고 웃을 일이다.

당신의 카페가 잘될 수도 있고, 안 될 수도 있다. 정말이지 최선을 다했음에도 갑작스러운 임대인의 갑질, 너무 유명한 프랜차이즈 카페의 경쟁 입점, 건강상 이슈, 급작스러운 사건 사고 같은 일들이 발생할 수 있다. 이런 일들은 피하기 어렵다. 내가 아무리 좋은 팁들, 방법, 전략적인 접근을 알려준다 해도 첫 번째 화살은 피할 수 없다.

그러나 두 번째 화살은 맞지 않기를 바란다. 당신이 애썼던 시절 당신의 태도는 당신에게 남았을 것이고, 당신이 만들었던 당신만의 카페가 있었다는 사실은 변하지 않는다. 지쳤다는 것은, 열심히 달려왔다는 것이고. 피할 수 없다는 것은 모든 것을 받아들이는 긍정의 태도가 당신에게 남아있다는 뜻이다.

그대도 나도 비가 오면 해맑게 나가 온몸을 흠뻑 적시며 해맑던 시절이 있었다. 그러나 지금은 비가 와 우산이 없어 온몸이 젖어버리면 기분이 나쁘다면, 변한 것은 비가 아니라 그대와 나다.

카페가 쫄딱 망해도, 그대가 최선을 다했음에도 피할 수 없는 일이 생겨도, 잊지 말아라. 그건 그대가 망한 것이 아니다. 그대의 사업이 망했을 뿐. 그대가 아니다. 비는 그치고 해가 뜬다. 따뜻한 햇볕이 비추면, 흠뻑 젖은 옷을 말릴 수 있다.

당신이 누구인지 모르나, 이 책을 읽고 있는 당신이 거기 있다는 것을 알기에, 이 순간의 당신에게, 온 마음을 담아, 앞날을 진심으로 응원한다. 걸어온 날을 따뜻하게 위로한다. 오늘을 격려하고 내일을 응원하겠다. 그리고 아주 조금 앞장서서 당신을 기다리고 있겠다.

3평 카페, 월 매출 6,000만 원의 비밀

장사의 진수

제1판 1쇄 2023년 12월 14일

지은이　　장진수
펴낸이　　한성주
펴낸곳　　㈜두드림미디어
책임편집　이향선
디자인　　얼앤똘비악(earl_tolbiac@naver.com)

㈜두드림미디어
등록　　2015년 3월 25일(제2022-000009호)
주소　　서울시 강서구 공항대로 219, 620호, 621호
전화　　02)333-3577
팩스　　02)6455-3477
이메일　　dodreamedia@naver.com(원고 투고 및 출판 관련 문의)
카페　　https://cafe.naver.com/dodreamedia

ISBN　979-11-93210-33-8 (03320)